AF273945

UN MONTÓN
DE PAJA

© Rafael Monterde Ferrando, 2025
© Epalsa, 2025
   Ronda del Caballero de la Mancha, 59 - 28034 MADRID (España)
   Telf. (34) 91 350 77 20 - (34) 91 350 77 39
   www.ciudadela.es
   info@epalsa.com

Diseño de cubierta: Equipo editorial
ISBN: 978-84-17703-19-6
Depósito Legal: M-23.373-2025
Printed in Spain - Impreso en España

Rafael Monterde Ferrando

UN MONTÓN
DE PAJA

LA VIDA FILOSÓFICA
DE TOMÁS DE AQUINO

B

el buey mudo

A María,
la Madre de la Sabiduría.

ÍNDICE

INTRODUCCIÓN

El libro que el lector tiene en sus manos ha sido escrito con el deseo de hacer presente, de alguna forma, el pensamiento de santo Tomás de Aquino y celebrar el octocentenario de su nacimiento. El autor no ha tenido ninguna pretensión filosófica al escribirlo. Tampoco teológica. Sino que, en un ejercicio de escritura, más o menos filosófica, ha dejado que el Doctor Angélico le inspirara para comprender qué es la vida filosófica. De ahí el título de la presente obra: *Un montón de paja*. La vida filosófica de Tomás de Aquino.

La intención de este libro es *buscar la Sabiduría* en el siglo XXI y para ello se mira a uno de los autores que ha logrado una de las síntesis sapienciales más importantes en la historia del pensamiento humano. La obra de Tomás de Aquino es una de las cimas más altas de la filosofía europea. Cuando se contempla el horizonte del pensamiento filosófico, descubrimos que si queremos comprender qué es pensar filosóficamente, tenemos que mirarle a él, porque su obra destaca como una cumbre que sobresale por encima de todas las demás.

A lo largo del ensayo, el lector se encontrará con cuatro capítulos que están escritos como un camino sapiencial, como una introducción al *amor a la sabiduría*. De este modo, se recorre la tradición precristiana, la cristiana y se llega al corazón de su sabiduría, que es la *vida bienaventurada*. Con Tomás de Aquino, uno descubre que lo que mueve al filósofo es el *gozo* que nace en lo más profundo del ser cuando acontece el encuentro con la verdad. Inspirado por Platón y Aristóteles, Tomás de Aquino, como todos los filósofos cristianos que le precedieron, comprendió que *conocer es una forma de vivir* y que, además, es la *vida más alta* que existe, porque es la *vida de Dios*.

El concilio de todos los pensadores a lo largo de la historia de la filosofía es posible si se sigue el camino de esta tradición filosófica: si el conocimiento es la vida más alta, quienes recorren el camino de la filosofía se encuentran buscando el *gozo* que provoca aquella vida, que nunca acaba y que es eterna. Tomás de Aquino comprendió esto y puso la *verdadera bienaventuranza* en el centro de su búsqueda filosófica. Porque la esperanza de la filosofía, sea cristiana o no, es encontrar aquella vida que, ahora, anticipa la felicidad eterna. Una vida que, en el siglo XXI, nosotros aún podemos descubrir...

AMAR LA SABIDURÍA

Sofía. Así la llamaban. Parece el nombre de un primer amor. El nombre de esa persona que, de súbito, te arrebata las palabras cuando quieres hablar con ella. Esa persona cuya mirada te hace temblar y sentir la fragilidad de tu alma cuando te das cuenta de que puede hacer con ella lo que le plazca. Ese es el efecto de los amores que nos cazan y que nos hacen suyos. Esos amores que nos llevan a cantar en silencio y a esbozar una sonrisa a solas al recordar el rostro de la persona amada... Esa es la fuerza que ha tenido *Sofía* sobre todos sus amantes, sobre todos aquellos que se han atrevido a amarla y que han sido llamados *filósofos:* los *amantes de la Sabiduría*, los *enamorados de Sofía*.

Una imagen que ha llegado hasta nosotros y que la representa misteriosamente es la *Gioconda,* de Leonardo da Vinci. Su sonrisa discreta y su mirada profunda, penetrante, que alcanza lo más profundo del corazón de aquellos que la contemplan, nos invitan a escrutar sus pupilas, que parecen esconder, con delicadeza, la vida oculta de la *Sabiduría* que da forma a todo lo que existe. Esa mirada que, providentemente, parece penetrarlo todo y esconderlo a su vez.

Puede que el filósofo sea aquel que se ha cruzado con la mirada de *Sofía* y que ha quedado prendado por el misterio de su belleza. Un misterio que quiere cantar desde lo más hondo de su ser y que solamente le permite realizar pequeños balbuceos al darse cuenta de que se le traba la lengua: cuando un enamorado está ante su amada, le faltan las palabras, pues su corazón grita tanto que se le cierra la boca y el deseo de comunicarse queda escondido en el abismo que ha abierto en su interior la persona que se ha adueñado de él. Por esa razón sentimos vértigo cuando queremos hablar y el amor nos hace un nudo en la garganta: es nuestra alma, que siente la profundidad del corazón que se sabe ante un misterio insondable que le desborda y que lo transforma a uno mismo en un precipicio.

Ese es el misterio ante el que se encuentra el filósofo que anda tras los pasos de *Sofía*, de la *Sabiduría* que se esconde en el fondo de su corazón y que le lleva a mirar más allá de las estrellas, en las profundidades de la bóveda celeste, buscando el camino por el que quizá ha pasado esa bella mujer que se ha convertido en la dueña de su ser y que late en el fondo del mismo. Ese misterio es el que vamos a intentar esbozar en este capítulo para adentrarnos en la tradición filosófica griega, de la que bebió Tomás de Aquino.

En la obra de Tomás se cruzan varias tradiciones sapienciales, que se unifican gracias a sus palabras y que se encuentran presentes en el libro que tiene el lector ahora mismo entre las manos. Griegos y romanos paganos, judíos y musulmanes, cristianos y gnósticos hablan a través de él. Vamos a intentar escuchar a Tomás, pues en su voz resuena el eco de muchos pensadores que cobran vida y entran en diálogo porque él fue capaz de hacerlos suyos. Así, con él, los podremos hacer nuestros intentando comprender por qué *Sofía* es tan arrebatadora.

El Aquinate nos dice que «el estudio de la sabiduría es el más perfecto, sublime, provechoso y alegre de todos los estudios humanos» (S.C.G. I, 2). Las palabras empleadas por nuestro autor son significativas y atesoran el conocimiento de todos aquellos que han seguido los pasos de Sofía. Al decir que el estudio de la sabiduría es *perfecto*, nos está indicando que lo que lleva al ser humano hacia la *plenitud* de su vida es buscarla, desearla en sí misma. Cuando dice que es *sublime*, nos dice que puede llevarnos a lo más alto, a lo más elevado, haciéndonos *trascender*. Es el más *útil* porque nos conduce a la *vida verdadera*. Es el más *alegre* porque la verdad engendra el *gozo más profundo* que puede experimentar el corazón humano. Por eso dice Tomás que «el hombre, en la medida en que se da al estudio de la sabiduría, posee ya de alguna forma la verdadera bienaventuranza» (S.C.G. I, 2).

En pleno siglo XXI es posible que no nos hagamos cargo de la radicalidad de las palabras del Aquinate. ¿Qué es la *verdadera bienaventuranza*? Ciertamente, fue lo que anheló Tomás a lo largo de toda su vida filosófica y es lo que queremos descubrir en la presente obra. Se trata tanto de la búsqueda propia de la filosofía griega como de la promesa del mensaje cristiano en el Sermón de la Montaña, y en ambos casos significa algo muy similar: el deseo de vivir la vida más alta posible, la vida propia de la divinidad, la *vida eterna*.

El anhelo del filósofo y la confianza del cristiano hacen que ambos miren en una misma dirección: cabe amar la divinidad porque en nosotros hay algo que nos hace semejantes a ella y podemos reconocernos en ella. Esa es la razón por la que Tomás dice que, «como la semejanza es causa de amor, el estudio de la sabiduría une especialmente a Dios por amistad» (S.C.G. I, 2). Como la amistad cabe entre semejantes o entre iguales, entre aquellos que, como entendieron Sócrates, Platón y Aristóteles, aman las mismas cosas, el filósofo sabe que puede vivir la misma vida de Dios cuando lo ama.

Podemos decir serenamente, entonces, que el filósofo es aquel que se asemeja a Dios porque ama la misma vida que Él. De ahí que se diga que el ser humano es *capax Dei*, capaz de Dios. En consecuencia, la vida filosófica y la vida de fe coinciden en este punto: la persona humana puede amar como Dios ama, y en eso consiste el *amor a la Sabiduría*. La semejanza divina que hay en la persona humana no es tanto por su conocimiento, que nunca alcanza el conocimiento divino, sino por su amor. Por eso, en el Evangelio de Juan, que es el *Evangelio del Logos*, de la Sabiduría divina, que ha entrado en la historia del ser humano viviendo la vida humana, el Logos mismo, que es Jesús de Nazaret para los cristianos, dice abiertamente: «A vosotros os he llamado amigos, porque todo lo que he oído[1] a mi Padre os lo he dado a conocer» (Jn 15, 15).

---

[1] Es significativo que en la tradición sapiencial cristiana se recogen tanto el modo de conocer a Dios de los griegos como el de los judíos. Mientras los griegos dan especial importancia a la *visión*, los judíos se la dan a la *escucha*. La palabra *idea* tiene su origen en la griega ἰδέα, que a su vez viene de εἴδω

Lo que el Verbo eterno ha oído al Padre son palabras de Amor, un canto entre ambos que nos es dado a conocer como *Espíritu Santo*. Los secretos de Amor de las personas trinitarias se nos han dado como un soplo que, de nuevo, recrea al ser humano y lo encamina a la vida eterna. Como veremos, la radicalidad del cristianismo será entendida como una locura —¡otra locura filosófica más!— cuando comenzaron las primeras comunidades en la Roma Imperial porque excede la búsqueda de la filosofía precristiana: no solamente busca la sabiduría divina, sino que se atreve a afirmar que la divinidad ha entregado su intimidad a los hombres, penetrando, así, la eternidad en el tiempo...

Volviendo a Tomás, sus palabras son también las de un hombre que se topó con la mirada de *Sofía* y, por tanto, son

---

(*eidō*), que significa *ver*. Las *ideas* son aquello que *se ve intelectualmente*. El conocimiento divino viene, en la tradición griega, por la visión del ser. Los iniciados en los misterios divinos eran los εἰδώς, *eídós, los que han visto*. Un ejemplo representativo es el poema de Parménides, que relata el ascenso hasta la visión del Ser. La importancia de la *escucha* depende del judaísmo, pues en él la escucha es el fundamento de su fe: שְׁמַע יִשְׂרָאֵל (Shemá Israel). Deuteronomio 6, 4 dice así: «Escucha, Israel: Yahvéh es nuestro Dios, solo Yahvéh». Se trata de la *escucha* de la revelación de la Palabra de Dios. Israel es el pueblo que se mantiene unido en la historia gracias a la escucha y la memoria de la Palabra. Así, *visión* y *escucha* quedan sintetizadas en el origen del cristianismo: se trata de la tradición apostólica, pues los apóstoles vieron y escucharon a Jesús y dan testimonio de lo que han *visto* y *oído*. Como se puede ver en la cita del Evangelio de Juan, Jesús, cuya persona es increada, está en eterna escucha del Padre y aquí encontramos la esencia del conocimiento de la fe: consiste en escuchar lo que ha escuchado el Verbo eternamente y ha querido revelar. La asimilación de la tradición griega y el cambio del sentido de la noción de *revelación* la encontramos en la *literatura apocalíptica*. Tenemos los ejemplos del libro de Daniel y el libro del Apocalipsis, ambos escritos en un contexto griego en el que *revelación* es sinónimo de *visión*.

palabras de enamorado, palabras de alguien que ha sentido el arrebato de un Amor que lo ha llevado más allá de sí y que le ha conducido a estancias de su ser que le eran desconocidas. Unas estancias íntimas, profundas, donde han acontecido las historias de todos los *enamorados de Sofía*, de todos los *filósofos* que, a lo largo de la historia del pensamiento humano, han disfrutado de su mirada.

Ahora podemos preguntarnos cuándo comenzaron estas historias de enamorados, de ese amor en el que, como decía Machado, *la locura es lo sensato*. Quizá deberíamos empezar a hablar de Pitágoras, que fue el primero que, según la tradición, comenzó a llamarse *filósofo* en vez de *sabio*, es decir, σοφός (*sofós*) en el griego original. Diógenes Laercio y Cicerón son algunos de los autores clásicos que nos han contado esta anécdota. Al parecer, Pitágoras consideraba que solamente podíamos considerar *sofós* a aquel o aquello que verdaderamente tenía *Sofía,* y eso solamente pertenecía al *Nous* (νοῦς), al intelecto divino, que, como se verá, también es lo más alto que hay en el ser humano.

En la escuela pitagórica se empieza a esbozar esa distinción entre conocimiento divino y humano que marca la carta de navegación del filósofo: al percibir los límites de la mente humana, de la razón, del *lógos* (λόγος), el buscador comienza a dar los pasos del amor a *Sofía*, que es una cualidad del conocimiento divino, del *Nous* (νοῦς), que gobierna y da forma al universo entero como principio del mismo. Por esta razón dirá Tomás: «Se reserva el nombre de sabio con todo su sentido únicamente para aquellos que se ocupan del fin del universo, principio también de todos los seres» (S.C.G. I, 1).

En el sentido que se acaba de indicar, Heráclito entendió que solamente se puede predicar la sabiduría de la mente divina, que es única y es fuente de unidad. Así, el filósofo sabe que su mente no es la fuente de la sabiduría y que, además, de la suya no depende la unidad de la realidad, pues no le da forma. La realidad y el principio de la cual depende están más allá de la mente del que busca la sabiduría. Por esa razón, *uno nunca es sabio*, porque la *Sabiduría* está más allá de él y no le pertenece. De este modo, el filósofo es aquel que percibe los límites de su *lógos* y que quiere ir más allá de él para acercarse al conocimiento verdadero, la *Sabiduría*, que pertenece al *Nous* divino.

Lo que mueve al filósofo a buscar el *nous* más allá de su pensamiento, de su razón, es precisamente percibir el límite de su pensar. Porque la *filosofía*, el *amor a la Sabiduría*, comienza con un acto de humildad intelectual, con un abandono de la pretensión de poder, de dominar aquello que está por encima de nosotros: la *Sabiduría* divina que hace ser a todo lo que existe, incluso al propio pensamiento. De esta manera, el filósofo *sabe que no sabe nada*, parafraseando a Sócrates, porque no podría saber si un pensamiento anterior, originario, no lo pensara a él mismo. *Buscar la Sabiduría, entonces, es buscar el pensamiento que me piensa y que me hace ser*[2]. Es una relación de amor en la que, al final, el mandato

---

[2] En este punto podemos encontrar la diferencia radical entre la tradición filosófica clásica (s. V a.C.–XIII d.C.) y la tradición moderna (s. XIV d.C. en adelante): si el filósofo clásico buscaba el *pensamiento que me piensa* más allá de él *porque existe antes que él*, el filósofo moderno lo encontrará *en sí mismo*, como *resultado de su pensar dirigido por la voluntad*.

del frontispicio del templo de Apolo, en Delfos —conócete a ti mismo (γνῶθι σεαυτόν)—, se convierte en *conocerse en la Sabiduría misma*. Una experiencia que ha sido expresada siempre como el culmen de la belleza.

La vida del filósofo es poética, en cierto sentido, porque él contempla y escucha la belleza de la Mente, que gobierna el mundo y que es su Principio. Busca la *Sofía* del *Nous* divino y la armonía con la que da forma a la existencia del Universo. Al menos, ese podemos decir que es el ideal de la filosofía griega a grandes rasgos. Por eso cuenta Aecio que Pitágoras fue el primero que llamó *cosmos* (κόσμος) al orden universal y lo describió como una especie de sinfonía musical cósmica, como dice Porfirio. El filósofo neoplatónico nos describe perfectamente cómo es ese conocimiento del *nous* humano cuando afirma que Pitágoras *oía* la armonía del universo y que *percibía* la armonía de las esferas celestes. De alguna manera, podemos decir que es una descripción del conocimiento filosófico muy precisa: la filosofía es un conocimiento que va más allá del *lógos*, pues trasciende la razón humana y escucha el canto cósmico en todo su esplendor.

La filosofía tiene por objeto un conocimiento metarracional porque el *nous* es un conocimiento de los principios de la realidad, no de los conceptos que elaboramos a partir de ella[3]. El conocimiento del *nous* no es *conceptual*, sino *principial:* el filósofo es aquel que mora en el Principio (ἀρχή), en

---

[3] En cierto sentido, la historia de la filosofía es la historia de lo que los filósofos han dicho del *nous*, del *intelecto*, y qué papel le han dado en sus discursos filosóficos.

el Origen. Cuando Porfirio dice que Pitágoras era capaz de escuchar la armonía de las esferas, nos está hablando de un conocimiento muy especial y único que está por encima del conocimiento humano cotidiano y racional, del *lógos* humano. Es un conocimiento que obligaba a aquel que quería aspirar a él a «abrir su razón»[4] o su pensamiento a un conocer que era propio de los dioses, es decir, a una vida propiamente divina.

La *Sabiduría* es eso, una expresión del conocer divino, del *Nous* que gobierna el Universo. Un *Nous*, un *Intelecto*, que penetra y lee íntimamente todos los seres del Universo y les da orden. Como decíamos, eso significa κόσμος, *cósmos*. Se trata de un orden dado por la forma de vida más alta que existe y que es, por tanto, divina. Como dirán Pla-

---

[4] El concepto de *razón abierta* articulado por Joseph Ratzinger en su pensamiento teológico tiene este significado. La *razón abierta* es entender que la fe cristiana es una forma de sabiduría que recoge la sabiduría griega y que se mantiene siempre actual al asistir a la razón humana en cualquier momento de la historia desde la Encarnación del Verbo. Del mismo modo que el *nous precristiano* iluminaba la razón para comprender la realidad cósmica, el *nous cristiano*, es decir, la fe, ilumina la razón y amplía sus horizontes de comprensión del mundo. Una «razón cerrada» consiste, en consecuencia, en cerrarse a aquella forma de saber que es la *sabiduría*. Por su propia naturaleza, la filosofía consiste en la adecuada comprensión de la razón, que no se basta a sí misma y que se abre a lo que es superior a ella. Por eso, Ratzinger considera que la fe es una defensa o un cuidado de la razón, precisamente porque la libra de la pretensión de poder y de autosuficiencia, es decir, de desconectarse de la sabiduría, que es lo que le permite pensar la realidad en toda su amplitud. ¿Por qué? Porque la manera de conocerla no es únicamente el conocimiento científico de la realidad física. Una *razón abierta* es aquella que busca armonizar las distintas formas de saber, buscando la armonía del conocimiento científico y del conocimiento sapiencial. Es una invitación a preguntarse por la naturaleza del conocimiento humano: su alcance, sus límites y la unidad del discurso racional, que comprende tanto la *tecnología* como la *sabiduría*.

tón y Aristóteles: la vida *teórica*, la vida *intelectual*. *Theo-rein* (θεωρεῖν)[5] es la acción divina de contemplarlo todo. Una contemplación que, originariamente, hace ser a todo lo que existe y que, humanamente, permite contemplar el Origen, el ἀρχή. El *theorein* es providencial en sentido estricto: lo ve todo (*providere*) porque la acción y el ser divinos son pura visión para los filósofos socráticos.

Entonces, ¿qué es el amor a la sabiduría de los filósofos? Amar la Sabiduría es amar la acción o el ser divino siendo lo que él es: *vida teórica*, *vida divina*. En este sentido, la vida filosófica es trascendente en sí misma, porque te lleva más allá de tu conocer y te abre a la actividad que da existencia al Universo entero, el *Nous* divino. Imitando al *Nous*, el *nous* humano se va asemejando más y más al original. Esa es la razón por la cual Tomás de Aquino dice que «por él (por el *nous*, por la *vida intelectual*) el hombre se asemeja principalmente a Dios» (S.C.G. I, 2).

Ahora vamos a profundizar en la cuestión de la *semejanza*, que comienza en la tradición platónica y que Tomás recoge: asemejarse es morar en el Principio, *principialmente*. Una tradición que, además, es fuente de la aristotélica, aunque el discípulo quisiera distanciarse de su maestro. Aristóteles decía que era amigo de Platón, pero que era más amigo de la verdad. Una afirmación que deja clara la vida filosófica: amar la Sabiduría no te encierra en el conocimiento recibido, sino que te abre a la fuente del conocimiento humano, que es el divino, sin confundirse con ella. Las tradiciones sapienciales,

---

[5] Es la acción del *Theós*, de Dios.

bien comprendidas, recogen lo recibido y, a la vez, te conducen a la novedad…

Intentemos ahora comprender cómo *la semejanza es un camino filosófico*. Platón se sirve de una noción que es explícita, la «ὁμοίωσις θεῷ» (*homoiosis Theó*), la *imitación de Dios*. Una imitación que inspirará a la filosofía cristiana y que la formulará como la *imitación de Cristo*. Por eso vieron los Padres de la Iglesia en la filosofía precristiana *semillas del Verbo* (Λόγοσ σπερματικόσ), semillas de verdad que preparaban el anuncio del *Evangelio*, como veremos más adelante.

Hoy en día, todos estamos acostumbrados a escuchar términos como *amor platónico* o quizá hayamos leído el relato de la *Caverna de Platón* en algún momento de nuestra vida. Nos hemos familiarizado con el mundo *sensible* y el *inteligible* platónico con mucha soltura y, por eso, no nos hacemos cargo de la transformación de la cultura europea que supuso el platonismo y que aún llega hasta nosotros. Sin personas como Sócrates, Platón o Aristóteles no existiría Europa tal y como la conocemos y, probablemente, tampoco el mundo sería como es. Podríamos hacer una exposición del impacto de estos pensadores en nuestra cultura global, pero no nos atañe ahora.

Lo que nos ocupa ahora es fijarnos en un aspecto de la filosofía platónica que es realmente maravilloso: Platón se dio cuenta de que el ser humano es capaz de acceder a una realidad que es incorruptible, y lo hizo en un momento de la historia de Atenas en el que la *polis* griega había condenado a muerte al más sabio entre los griegos, a su maestro, Sócrates. Atenas había caído en la peor de las corrupciones, pues había matado al más bueno de los atenienses injustamente.

La vida de Sócrates fue la de un hombre que, llevado por su amor a la Sabiduría, fue capaz de morir por la verdad. Su testimonio transformó la Hélade e hizo que un hombre como Platón desarrollara el *Corpus* filosófico que, junto con el de su discípulo, Aristóteles, ha inspirado todo el pensamiento occidental. Sócrates mostró a los jóvenes atenienses que cabe *hablar en verdad* y que el lenguaje no es solamente un juego de poder, sino que puede elevar el alma humana hasta la belleza en sí misma y llenarla de vida verdadera.

¿Qué es la *vida verdadera* para los socráticos? Consiste, precisamente, en la aspiración propia del amor a la Sabiduría: la vida semejante a la divina. *Vivir verdaderamente es vivir asemejándose a Dios: homoiosis Theó.* El alma humana puede adquirir las cualidades propias de la vida divina *al volverse hacia ella.* El alma puede mirar, puede *contemplar* a Dios y, al hacerlo, se vuelve como Él. El optimismo antropológico de los socráticos, su *humanismo*, se funda precisamente en esta posibilidad humana. Cabe divinizarse al imitar la vida divina. *Viviendo en verdad,* el ser humano *se asimila* a la divinidad: amando lo que es eterno, el alma se eterniza. El humanismo socrático consiste en comprender que el ser humano es un ser eternizable.

Platón explica esto en el *Fedón* (79d) cuando pone en boca de Sócrates que el ser humano, cuando trasciende el conocimiento proporcionado por los sentidos y se focaliza en aquello que pertenece propiamente al alma, descubre que su lugar propio, por su propia naturaleza, es la vida de la divinidad y que, en consecuencia, puede purificarse de lo que es efímero y ser inmortal. Cabe *trascender el tiempo* y acceder a aquello que es *por sí mismo* y *en sí mismo*, a saber, Dios. Las palabras que emplea Platón son estas: «ὅταν δέ γε αὐτὴ καθ᾽ αὑτὴν σκοπῇ», que significan algo así como *cuando el alma se contemple a sí misma*, es decir, cuando *se vuelva sobre sí misma* y vea su propia naturaleza, comprenderá que no es *terrena*, sino *divina*. Al volver sobre sí, el alma mira más allá de sí misma y se topa con lo que es en sí mismo, con lo inmortal y lo eterno.

En este ejercicio de *volver sobre sí misma,* el alma se encuentra ejerciendo el *conocimiento de sí*, que es la actividad propia de la divinidad, del *Nous*. Así es como, haciendo lo mismo que el *Nous* divino, el *nous* humano se asemeja a aquel. El *conócete a ti mismo* es el camino para divinizarse y lograr la *mismidad del ser*, la *inmutabilidad* y la *quietud. Dios no se muda*, dirá siglos después Teresa de Jesús inspirada, claramente, por esta tradición platónica, que también recoge la Sagrada Escritura.

En el ejercicio reflexivo del alma pone Platón su famosa *anamnesis* (ἀνάμνησις), la *reminiscencia* o *memoria*. De este modo, *imitación* y *memoria de Dios* son una misma acción: *theoría* (θεωρία). La acción de contemplarse a sí mismo, de conocerse perfectamente, es propia de Dios. Quien la ejercita se encamina *semejantemente* a Dios y, así, el alma *recuerda* su verdadera naturaleza, su verdadero ser, al contemplar y actuar como Dios mismo actúa. Pero esa acción requiere un cierto *ensimismamiento*, siguiendo la expresión orteguiana. Un *ensimismamiento* que es un *saber estar dentro de sí*, es decir, la *morada interior*, la memoria, *morarse* (me-morare). Quien sabe *morarse*, quien sabe *habitarse* al introducirse en la *estancia interior de la memoria*, comienza a *trascenderse*, pues se encamina a aquella vida eterna que es fuente de todo el ser.

No obstante, esa vida interior no queda únicamente en una especie de espacio cerrado en sí mismo, sino que se comunica a la vida exterior en forma de φρόνησις (*frónesis*), es decir, de sabiduría práctica, *vida ética* o *virtuosa*. ¿Por qué? Porque la vida virtuosa es condición de posibilidad de la vida contemplativa. No podemos entenderlas en este contexto la una sin la otra. Hay un efecto de retroalimentación: contemplación y acción, *theorein* y *frónesis*, son un binomio que no se puede separar. La vida teórica y la vida práctica se comunican y la una no puede desarrollarse sin la otra en la filosofía de los socráticos. *No cabe conocer el bien si no se sabe hacerlo*. La verdad eleva y compromete. Así, la vida intelectual y la vida cotidiana, por decirlo de alguna manera, son una sola. El filósofo no solamente sabe *estar en las nubes*, sino que sabe *hacer el bien concretamente*, encontrando el mayor bien posible a realizar en cada circunstancia. Ese es el fruto verdadero de la vida filosófica. Para Platón, no es posible ser amante de la verdad y no ser bueno, es decir, no hacer el bien a los demás[6].

---

[6] La eternidad y el tiempo se comunican, finalmente, en la vida ética, en la concreción de la vida cotidiana de los amantes de la Sabiduría. La vida filosófica *transforma* a quien la vive hasta el punto de reflejar el bien en sí mismo en las acciones que realiza. Por eso, Platón entendía que el amor a la verdad no podía fingirse, porque quedaba expresado en el estilo de vida que llevaba el filósofo.

La propuesta antropológica de Platón es radical y su eco aún llega hasta nosotros. Es una apuesta por la *vida íntima*, por la *vida contemplativa*, que es la raíz de la *vida activa*. Además, es una afirmación optimista y esperanzada de la existencia humana: cabe trascender el momento presente, el contexto cultural y social en el cual Atenas ha condenado a Sócrates, y acceder a la fuente misma de la verdad y de la bondad. Platón nos está diciendo con esto que la corrupción no es el fundamento del mundo[7], sino que está fundado en una realidad radicalmente buena de la que cada ser humano puede participar si recuerda su verdadero origen divino[8]. La corrupción de la *polis*, de la ciudad, de la cultura, no es radical, porque en cada ser humano anida una vida profundamente buena si comprende que *puede asemejarse a Dios*. La sociedad puede ser renovada por aquellos que acceden a la fuente de la *vida verdadera*...

Vamos a preguntarnos ahora cómo describe Platón el comienzo de esta *vida trascendente*, cada vez más orientada hacia lo que es en sí mismo. En el *Fedro* nos dice cómo la vida según el *nous* llena de *entusiasmo* (ἐνθουσιάζων), que significa estar lleno de dios o llevar un dios dentro (249c). ¿Por qué?

---

[7] Cuestión propia del *mito* y que más tarde hará suya el gnosticismo.

[8] Considerar que en el ser humano puede darse el estado de cierta *syngeneia* (nacimiento o familiaridad) con Dios es giro antropológico de más envergadura cosmológica que el famoso *giro copernicano* elaborado en la filosofía de Immanuel Kant siglos después. Hay más potencia antropológica en el pensamiento platónico del siglo IV a.C. que en la antropología ilustrada del siglo XVIII d.C. El optimismo antropológico de los socráticos será llevado, gracias a los filósofos cristianos, a su máxima expresión. Uno de los pensadores que lo desarrollará será Tomás de Aquino.

Porque cuando el conocimiento que nos proporciona el *nous* o la *vida intelectual* nos lleva hasta el «ὑπερουράνιον τόπον» (*hiperuránion tópon*), el *lugar supraceleste* (247c) donde habita la «οὐσία ὄντως οὖσα»[9] (*ousía óntos ousa*), la *esencia cuyo ser consiste en ser*, nos llenamos literalmente de la vida divina y ello proporciona una experiencia de la belleza que no tiene análogo alguno en el mundo sensible[10]. La experiencia del Ser es inefable, algo que siglos más tarde desarrollará Plotino[11] y que los Padres de la Iglesia recogerán.

Esta experiencia es posible gracias a una *fuga* o *huida* (φυγὴ) de las cosas sujetas al tiempo. Hay que acceder al espacio donde el hombre puede trascenderlo y eso es posible practicando el bien, haciéndose bueno gracias a la virtud. La imitación de Dios *contemplativamente* comienza con una *imitación ética* (hay que saber contenerse, ser dueño de sí). En el *Teeteto* (176b) lo expresa así: «Huye, e imita a Dios

---

[9] La *esencia* o *sustancia* de Dios, es decir, *el Ser de Dios*.

[10] Aunque, como veremos, en la Sagrada Escritura la imagen del Ser es la *zarza ardiente*. En Éxodo 3, 14, Dios se da a conocer como *el que Es*. La imagen bíblica es muy significativa: se trata de un fuego que arde y que no quema, una vida *viva* que no muere. La vida divina no consume, sino que, ardiendo, mantiene viva la zarza que enciende. Juan de Yepes, quien se hará llamar Juan de la Cruz en el Carmelo Descalzo, la llamará *llama de amor viva* en el Siglo de Oro español: «¡Oh llama de amor viva, / que tiernamente hieres / de mi alma en el más profundo centro». Si en el pensamiento judío y griego el ser humano era aquel que estaba *ante* el Ser, en el cristiano se desarrollará una antropología más radical: la persona humana es el ser en el que el Ser puede habitar. Por eso, Agustín de Hipona dirá a fines del siglo IV d.C.: «interior intimo meo» (*Confesiones*, III, 6, 11) refiriéndose a la presencia de Dios en su corazón, es decir, *eres más íntimo a mí mismo que mi misma intimidad*.

[11] Las *Enéadas*, que tienen por objeto la *énosis* o *unificación con el Uno*, son uno de los grandes poemas teológicos de la historia de la filosofía.

todo lo que puedas; e imita a los justos y los santos, después de considerarlo, nacerás»[12]. Platón se sirve de la palabra que expresa la *sabiduría práctica* para adquirir la virtud: «φρονήσεως», *phronéseos*, que viene de *phroneo*, comprender o considerar[13]. Esta palabra ha llegado hasta nosotros como *prudencia*, que es la fuente de todas las virtudes en el pensamiento platónico y en el aristotélico.

Aprender a *considerar el bien* es el camino para *trascender el tiempo* y *vivir verdaderamente y en concreto*. Por esa razón, Platón emplea un verbo muy preciso para expresar qué acontece en la propia vida cuando practicamos la virtud: «γενέσθαι», *genésthai*[14], es decir, *nacerás* o *comenzarás a ser*. Buscar el bien es el comienzo para *ser*, para *nacer en la verdad*. Pero para *comenzar a ser* (γενέσθαι), es necesario *huir de lo inmediato* para *saber elegir el bien*. Esa *huida*, esa *fuga del tiempo*, es un *ensimismamiento*, un *volver sobre uno mismo para acceder al interior*. En nosotros hay algo que no está sujeto al tiempo, y es lo que nos permite trascenderlo y considerar qué hacer cuando actuamos en él. Pero podemos

---

[12] En el griego original: «φυγὴ δὲ ὁμοίωσις θεῷ κατὰ τὸ δυνατόν· ὁμοίωσις δὲ δίκαιον καὶ ὅσιον μετὰ φρονήσεως γενέσθαι».

[13] La con-sideración, el *estar en las estrellas* o *más allá de lo sideral* (*hyperuránion tópon*) es lo que nos permite actuar bien. La familiaridad del filósofo con lo que está en el *lugar supraceleste* es lo que le permite ascender y descender con un solo golpe de vista para elegir adecuadamente el bien en cada momento. El filósofo sabe habitar el Cielo. Algo que inspirará a Agustín de Hipona para escribir, siglos más tarde, su *Ciudad de Dios*.

[14] Como veremos en el siguiente capítulo, san Juan, en el Prólogo de su Evangelio, se sirve del mismo verbo para expresar el nacimiento de los hijos de Dios.

tomar distancia del tiempo porque, de alguna manera, *ya vivimos distanciados* y hay que caer en la cuenta de ello.

Caer en la cuenta significa comprender que en el ser humano ya hay algo divino que le hace semejante a la forma más alta de vida. La reminiscencia o recuerdo de esta realidad que ya está presente en la propia vida humana es fundamental para comenzar el camino de la vida filosófica. El ser humano se conoce verdaderamente al mirar a Dios porque *ya* se asemeja algo a él y *puede asemejarse más*, puede *nacer en él (γενέσθαι)*. Su vida verdadera comienza en la vida divina. Por eso dice Aristóteles en la *Ética a Nicómaco* (1178a) que «sería absurdo que un hombre no eligiera su propia vida, sino la de otro», es decir, no elegir la vida verdaderamente humana, aquella que te conduce a la divina, no tiene sentido alguno. El ser humano no puede conformarse con menos que con la vida divina, que es fuente de gozo auténtico, y esa *con-formidad con Dios* se alcanza *filosóficamente*[15].

Veamos ahora el comienzo de esa búsqueda filosófica. En el *Fedro* (244c) se trata, para Platón, de una *locura* de carácter divino. La filosofía es un conocimiento *inspirado* por la divinidad. En el texto griego juega con las palabras *μανική* (*maniké*, adivinación[16]) y *μανία* (*manía*, locura). Al vincular la *locura* y la *adivinación*, el conocimiento filosófico es una especie de *gracia divina*, porque la *manía* con la que comienza la filosofía «nos la envían los dioses». De este modo, la

---

[15] Para los filósofos cristianos posteriores a Platón, la *filosofía* será la *vida de fe*.

[16] Etimológicamente, la *adivinación* es la acción de los *adivinos*, que son los que están vueltos hacia lo divino: *ad-divinus*.

filosofía es una de esas «bellas obras de los que se han hecho *maniáticos* en manos de los dioses».

Porque los filósofos son *maniáticos*, Platón se sirve de la palabra «ἐνθουσιάζων» (*entusiasmo*) para expresar el comienzo del filosofar y dice que esta *locura* «nos es dada por los dioses para nuestra mayor fortuna». ¿De qué fortuna se trata? Como dijimos anteriormente, el *entusiasmo* consiste en estar lleno o poseído por la divinidad y participar de su propia vida. En consecuencia, la *fortuna* de la vida filosófica consiste en recuperar la *vida inmortal* del alma. Esto le confiere a la filosofía un carácter *soteriológico*, es decir, *salvífico*[17]. Una salvación que se fundamenta en la capacidad que tiene el alma para ascender hasta la contemplación de la verdad.

¿Cómo puede ascender el alma hasta ese lugar tan elevado donde habita la verdad, adquirir «esa ciencia que es de lo que verdaderamente es ser» y «alcanzar la visión del ser»? Recuperando las alas que perdió. Unas alas que crecen cuando el alma vuelve sobre sí misma y recuerda su naturaleza divina y, por tanto, inmortal. Algo que es propio del ser humano. Porque, para Platón, ningún alma[18] que no haya contemplado originariamente la verdad puede hacerse humana y dar vida al cuerpo humano. De este modo, la antropología de Platón es algo más que optimista: es *entusiasta*.

---

[17] La *soteriología* de la filosofía platónica permitirá que, siglos más tarde, sea recogida por los pensadores cristianos como una preparación de la verdad evangélica y les permitirá desarrollar la propia del cristianismo.

[18] El alma, conviene recordarlo, es el *principio vital*, es lo que *anima* los cuerpos, de ahí la palabra latina *ánima*, que en griego es ψυχή, *psyché*.

Platón da un salto antropológico y va más allá del pensamiento mítico, que dejaba a los hombres en el reino de los mortales. En su pensamiento, el ser humano puede recuperar la vida que perdió, su vida original, si es capaz de recuperar las alas que permitían a su alma habitar la región de la divinidad eterna. ¿Cómo? *Considerándose*[19], re-conociéndose a sí mismo *originariamente como divino:* «Yendo de muchas sensaciones a aquello que se concentra en el pensamiento». Porque la *vida originaria* del hombre es estar encaminado hacia la divinidad. La obra platónica es la gran *Odisea* humana: encontrar el camino para llegar a su Ítaca, el reino de la vida inmortal. Como dice Plotino en sus *Enéadas:* «φεύγωμεν δὴ φίλην ἐς πατρίδα» (I, 6, 8), *¡huyamos, pues, a la patria amada!*

Aquí encontramos la *locura* y la *manía* de la vida filosófica. Platón, como todos los filósofos que compartían esta nueva concepción del ser humano, era consciente de la *locura* que supone la filosofía al afirmar que la *vida original* del hombre es *divina*, es decir, aquello que funda su existencia es que la naturaleza de su alma, el principio de su ser, es de carácter divino. Algo que transforma *radicalmente* el sentido y la orientación de la vida humana: puede retornar a Dios, porque «en su memoria y en la medida de lo posible, se encuentra aquello que siempre es».

Porque *en su interior habita el ser, cabe la huida* (φυγὴ) *hacia Dios: la homoiosis Theó* (ὁμοίωσις Θεῷ), es decir, la *asimilación de Dios o semejanza de Dios.* Es un camino que condu-

---

[19] Recordando que su origen está más allá de la esfera de las estrellas, de lo *sideral.* De ahí la *con-sidera-ción.*

ce hacia el acabamiento del ser de aquel que lo recorre: «El varón, pues, que haga uso de tales recordatorios, iniciado en tales ceremonias perfectas, solo él será perfecto. Apartado, así, de humanos menesteres y volcado a lo divino, es tachado por la gente como de perturbado, sin darse cuenta de que lo que está es *entusiasmado*».

Por esta razón, por el *entusiasmo*, la vida filosófica es la más feliz y es lo que llevará a Tomás de Aquino a afirmar que es *gozosa*. Además, en la *huida hacia Dios* se encuentra el origen de la tradición monástica occidental, que Tomás de Aquino conoció al ser educado por los monjes benedictinos de Montecassino. Los *monas-terios* son los lugares donde se cultiva la soledad. *Monje* significa *solo*. Pero, además, se imita la soledad divina buscando el recogimiento adecuado para lograr la *unidad del ser*, a semejanza de la unidad divina. Por eso, dice Plotino en sus *Enéadas* que es una «φυγὴ μόνου πρὸς μόνον» (VI, 9, 11), *una huida del que está solo hacia el que es Uno*.

En griego, μόνον es *uno*. Los *monasterios* son, así, los espacios donde se busca la semejanza con el Uno y se convirtieron en el corazón de la civilización occidental. Unos espacios que tienen su origen en la *Academia* fundada por Platón en el 387 a.C., que era el lugar donde se enseñaba y practicaba el camino de la filosofía, la *vida contemplativa*. En cierto sentido, aquí encontramos prefigurada la que después, en la cultura cristiana, será la salida del *mundo secular*, del mundo de las cosas que tienen que ver con el tiempo y no con la eternidad. Porque para *estar ante Dios,* es necesario *huir del mundo temporal* en este contexto.

Volviendo a Platón, él entiende que el amante de la sabiduría está «inflamado como fuego por la filosofía» porque «tiene una naturaleza divina» y, así, cuando se le muestra esta *huida hacia Dios,* que requiere abandonar la vida que conoce y comenzar una nueva, «el camino que se le ha enseñado le parece maravilloso, piensa que debe emprenderlo inmediatamente y que no merece la pena vivir de otra manera»[20]. Tal es el *fulgor* de este fuego que nace en aquel que descubre el resplandor de *Sofía…*

Con este *fulgor* pensó filosóficamente aquel al que Tomás de Aquino llamaba *el Filósofo:* Aristóteles, el discípulo de Platón que, en apariencia, se distanció de su Maestro y fundó, a ejemplo de él, su propia escuela filosófica, el Liceo. La aparente serenidad de la filosofía aristotélica esconde, en realidad, la misma pasión por el pensamiento que Sócrates y Platón. Ya en su *Metafísica* comienza la descripción del nacimiento de la vida del saber como algo enraizado en la naturaleza humana, como un *deseo* que funda su propia naturaleza: «Πάντες ἄνθρωποι τοῦ εἰδέναι ὀρέγονται φύσει» (980a21), es decir, «todos los hombres desean por naturaleza saber».

La búsqueda del conocer late en lo profundo de la *physis* humana como una *orexis*[21] (ὀρέγονται), casi podríamos decir como un *deseo fundante.* El comienzo de la *Metafísica* de Aristóteles es una reflexión sobre el conocimiento sensitivo

---

[20] Platón se expresa así en la *Carta VII* (340b-d).

[21] *Orexis* en griego significa *deseo.* Por eso, la *an-orexia* es la falta de deseo. La vida filosófica es todo lo contrario a una vida anoréxica, pues consiste en aprender a alimentar el amor a la verdad, que conduce hacia un crecimiento infinito del deseo…

del ser humano. La *Metafísica*, siendo una ciencia sobre lo *primero*, sobre los primeros principios y primeras causas de la realidad, *comienza antropológicamente y acaba teológicamente*. Se puede decir que tiene como fondo la comprensión del ser humano en relación con Dios, y esto fue lo que llevó a Tomás de Aquino a recibir el pensamiento aristotélico como una ciencia compatible con la fe cristiana[22]. Un pensamiento que representa, además, la síntesis y la madurez del mundo griego antiguo.

¿Qué es la Sabiduría para Aristóteles? El filósofo macedonio la definió así: «ἡ σοφία περί τινας ἀρχὰς καὶ αἰτίας ἐστὶν ἐπιστήμη» (982a2), es decir, la *Sofía* es el conocimiento de ciertos principios y causas. Esto significa que la Sabiduría es el conocimiento de «τὴν καθόλου ἐπιστήμην», a saber, la *ciencia de lo universal*. Gracias a esta ciencia se accede a lo más cognoscible (τοῦ μάλιστα ἐπιστητοῦ), a lo que tiene más *entidad* o *realidad*, es decir, lo *sustancial* (τῶν ὑποκειμένων).

La ciencia de lo universal es la ciencia de lo más real y entitativo, de lo que está verdaderamente fundado. Se trata, además, de la ciencia más libre, pues se busca por sí misma y no por la utilidad que tiene[23]. En este sentido, por ser el conocimiento más libre, se puede decir que da un grado sumo de libertad a quien lo desea y lo busca, un privilegio que está reservado para los dioses. En consecuencia, para Aristóteles, es indigno que el hombre no busque esta ciencia, porque,

---

[22] «El estudio de la filosofía se ordena al conocimiento de Dios; por eso la metafísica, que se ocupa de lo divino, es la última parte que se enseña de la filosofía» (S. C. G. I, 4).

[23] Aquí está el origen de lo que hoy llamamos las *artes liberales*.

ciertamente, es capaz de ella y es lo que más lo eleva. Al tener lo divino por objeto de su búsqueda, esta ciencia es la más noble y ennoblece a quienes la buscan.

Cuando se refiere a esta ciencia, Aristóteles dice lo siguiente: «καὶ τὴν τοιαύτην ἢ μόνος ἢ μάλιστ᾽ ἂν ἔχοι ὁ θεός» (983a9-10), es decir, que esta ciencia solamente la puede tener Dios o Él principalmente. Aquí se ve con claridad que la búsqueda de la sabiduría es esencialmente teológica, porque tiene a Dios por objeto y, además, es el objeto propio del conocimiento divino (Él mismo). La filosofía lleva a amar el conocimiento que es propio de Dios y, en este sentido, la mente humana imita la divina al buscar lo que es propio de ella: a saber, Dios. Hay una reminiscencia aquí de su maestro, Platón, que también comprendió que la búsqueda de la sabiduría es *homoiosis Theó*, como se vio antes. Una imitación que, aunque no es explícita, está presente en el pensamiento aristotélico.

Puede que Aristóteles no se sirva como Platón de las narraciones y las metáforas para expresar el potencial del conocimiento humano, pero como discípulo suyo incorpora a su filosofía las aspiraciones *teóricas* de su maestro: la naturaleza del conocimiento humano es la misma que la del divino, por eso es capaz de *theorein*. Aunque, a diferencia del divino, en el conocimiento humano se pasa de la potencia al acto, mientras que el divino siempre lo está.

En el Libro IX (1048b) de la *Metafísica* establece una distinción Aristóteles que es especialmente relevante para comprender los diferentes tipos de acto: los hay que son transitivos o *imperfectos*, cuyo fin es externo a la propia acción, y los que poseen su fin intrínsecamente y son, por tanto, *perfectos*. Los primeros se caracterizan por estar sujetos al movimiento y son *kinéticos* (κινήσεις). Los segundos, al no estar dirigidos hacia algo que no son ellos mismos y poseer su propio fin, son actos en sí mismos, poseen su propia actividad o actualidad (ἐνεργείας). Para ilustrar los *kinéticos*, Aristóteles se sirve de la imagen de la construcción de una casa: mientras se realiza la acción de construir, se puede decir que la construcción está en acto; en cambio, cuando se termina la casa, la acción concluye y lo que pasa al acto es la casa misma. Como se ve, el fin del acto de construir queda fuera del mismo. En cambio, en las acciones *enérgicas* (ἐνεργείας), el fin es intrínseco a las mismas. El pensamiento es un acto que pertenece a este tipo de acciones y, de hecho, es el que mejor las define, como también lo es la vista: *ver* y *haber visto* son lo mismo, del mismo modo que *al ver se sigue viendo*, pues no le sucede otro acto más que el *ver* mismo.

Aristóteles dice que el pensamiento es aquella acción en la que «ἐκείνη ᾗ ἐνυπάρχει τὸ τέλος καὶ ἡ πρᾶξις» (1048b22-23), es decir, aquella en la que se dan el fin (τέλος) y la acción o *praxis* (πρᾶξις) a la vez. El pensamiento del Estagirita es claramente sintético, pues al hablar así de la acción de pensar, está evocando la filosofía platónica cuando el fundador de la Academia decía que el alma podía volver sobre sí misma. El tipo de movimiento que realiza el alma para alcanzar su fin es el circular, de tal forma que en ese movimiento circular el principio y el fin son lo mismo. De hecho, la figura de la circunferencia se define como aquella en la que todos los radios tienen la misma distancia al centro y, además, el principio y el fin coinciden en el mismo punto. Hay en esta imagen circular del pensamiento una afirmación cosmológica y antropológica de especial relevancia en el pensamiento de los filósofos socráticos.

El movimiento circular es el propio de los cuerpos supralunares, los cuerpos celestes, que imitan la perfección del pensamiento que mantiene el orden del universo: una esfera que carece de movimiento alguno (es acto puro) y que es causa de todos los movimientos. Cuando el ser humano piensa, activa dentro de sí mismo la actividad que pone en movimiento todo el Universo, el Pensamiento Puro, el *Nous*. De esta manera, siguiendo a Platón, Aristóteles también considera que en el ser humano se da una acción divina que lo asemeja a la vida más alta que gobierna el cosmos. Siendo la vida más alta la del pensamiento puro que posee en sí mismo su propio fin, el ser humano también puede vivir así y trascender el cosmos entero para acceder a esa forma de vida tan excelsa: en el mundo sublunar[24] habita el *nous humano*, pero

---

[24] El cosmos aristotélico está dividido en dos niveles, que se separan según sus movimientos: el sublunar y el supralunar. Es una gran *matrioska* de esferas que contienen en el centro la Tierra, que es el lugar de los movimientos imperfectos: aquellos que no vuelven a su principio, los movimientos lineales. Más allá de la Tierra, en la bóveda celeste, se encuentran las realidades divinas, cuyos movimientos circulares vuelven a su principio y, por ello, son más semejantes a la esfera suprema que contiene y da movimiento a todas las demás, la esfera del Intelecto Universal. Todas las esferas contenidas por el Intelecto Universal son movidas por él, porque las atrae hacia él a causa del amor que le tienen. La razón de esta visión del movimiento está en lo siguiente: lo perfecto mueve a lo imperfecto, no al revés; el acto, que es lo perfecto, mueve a la potencia, que es imperfecta porque, estrictamente, aún no es. Todo el cosmos aristotélico se fundamenta en esta distinción entre el acto y la potencia: lo que es más activo o actual mueve a lo que es menos activo o tiene más potenciali-

nous al fin y al cabo, que puede acceder a la realidad que es semejante a él mismo, el *Nous* que origina el Universo entero.

Por esta razón, Dante pudo seguir a Beatriz en su *Comedia* cuando se purificó de todas sus imperfecciones en el mundo terrenal y, con su amada, pudo ascender atravesando todas las esferas del Universo hasta acceder a la esfera divina. Es lo que él llamó *trasumanar*, es decir, trascender la vida humana hasta llegar a la vida de Dios. Una trascendencia que se funda en toda la tradición socrática heredada por los pensadores cristianos y que el poeta florentino cristalizó en su obra magna: el ser humano puede ascender hasta los límites del universo con su pensamiento porque su naturaleza es eminentemente divina y es capaz de acceder a la esfera en la que Dios habita. Para Dante, seguir a Beatriz es el camino de la Sabiduría...

No obstante, a pesar de que Dante siguiera a su primer amor para encontrar la Sabiduría, en realidad estaba siguiendo los pasos de Tomás de Aquino y él, hasta cierto punto, los de Aristóteles[25]. Por ejemplo, el *Comentario a la Ética a*

---

dad. Si la Tierra está en el centro del cosmos aristotélico, según lo que acabamos de decir, es porque ella misma no mueve nada, es la esfera más imperfecta y, por ello, la relevancia en el Universo es menor. El centro de gravedad en el Universo de Aristóteles está en el perímetro del cosmos, no en el centro. Ese perímetro es el Intelecto cósmico. La relevancia de la antropología aristotélica estriba en que considera que en el hombre se da esa realidad intelectual: en el ser humano hay *nous* y, por tanto, en el mundo sublunar encontramos realidades semejantes al *Nous* del Universo. Quienes viven según el *nous* pueden participar de la vida más alta del cosmos y, por ello, trascenderlo.

[25] Fue un autor que procuró conocer en profundidad, porque las nuevas traducciones de sus obras que llegaron a la Universidad de París venidas de la Escuela de traductores de Toledo supusieron una revolución científica que

Nicómaco de Tomás es una de las interpretaciones más fieles de la *Ética* que se han hecho en toda la historia de la filosofía. Lo asimiló como pocas personas han conseguido hacerlo y, gracias a ello, la doctrina de la virtud aristotélica pasó a formar parte del cristianismo occidental con una familiaridad única que no tiene antecedentes en la historia de la cultura europea[26].

En esencia, podemos decir que la doctrina aristotélica de la virtud y de los hábitos intelectuales o *teóricos* es una de las ganancias históricas de la filosofía que han llegado hasta nosotros gracias a pensadores como Tomás de Aquino. La síntesis aristotélica de las doctrinas de sus predecesores nos ha permitido comprender cómo el fin de la vida teórica y de

---

se desarrolló a lo largo del siglo XIII d.C. y de la que Tomás de Aquino fue protagonista. De hecho, su protagonismo se debió a que asimiló la tradición grecolatina pagana y cristiana con una profundidad que aún llega hasta nosotros: la obra teológica de Tomás de Aquino fue la que permitió la reforma de la Iglesia católica en el siglo XVI y la que consolidó y dio forma a la cultura católica hasta la actualidad. Por eso podemos decir que su pensamiento sigue siendo actual, porque para comprender el catolicismo, hace falta conocer a Tomás de Aquino en pleno siglo XXI.

[26] La influencia de Aristóteles en el pensamiento católico a través de Tomás ha sido más que relevante, porque también cambió la historia de la teología cristiana. Benedicto XVI indicó en su obra póstuma, *Qué es el cristianismo*, un hecho fundamental en el pensamiento teológico católico que se debe a la labor intelectual del Aquinate. Al parecer, la pérdida de importancia que la interpretación alegórica de la Sagrada Escritura, que comenzó con la reforma de Gregorio Magno, quedó consolidada con la asimilación de la obra aristotélica por Tomás de Aquino. Con él se introducirá una nueva visión de la teología que devaluará por completo la *alegoría* en el discurso teológico y, también, pasará a ponerse la *Ética a Nicómaco* como fundamento de la moral cristiana, provocando, así, una ruptura con el pensamiento teológico anterior y perdiendo de vista el sentido del Antiguo Testamento en relación con el Nuevo Testamento.

la vida práctica convergen en una misma búsqueda: la *felicidad* o *bienaventuranza*, como la denomina Tomás en su obra.

Aristóteles definió la *felicidad* con precisión en el Libro X de la *Ética a Nicómaco*. Para el filósofo macedonio, la felicidad es el «fin de todo lo humano» (1176a33). Es lo que mueve toda nuestra vida, todo nuestro existir. La felicidad es el sentido de la vida humana. Por ello, también es el fin del amor a la sabiduría y es el don que recibe aquel que se entrega a su búsqueda. Sin embargo, ¿cómo se obtiene? ¿Cómo se recibe la felicidad? Aristóteles dice que es una *eudaimonía*, es decir, es un *buen espíritu* que se recibe porque existe por sí mismo y se basta a sí mismo. Es *Sofía*.

El maestro peripatético dice que «ἐστὶν ἡ εὐδαιμονία κατ᾽ ἀρετὴν ἐνέργεια» (1177a12), es decir, que la felicidad (εὐδαιμονία) es una actividad (ἐνέργεια) conforme a la virtud (ἀρετὴν). Eso significa que, cuando la virtud moral o la vida ética se orienta hacia la *enérgeia*, hacia la actividad del *nous*, del *intelecto*, acontece la *eudaimonía*, la felicidad. En este punto, sigue al pie de la letra a Platón. La felicidad se da en la *vida intelectual*, en la *vida filosófica*. Por eso, dice Tomás de Aquino que quien se da al estudio de la sabiduría «posee ya de alguna forma la verdadera bienaventuranza», porque se asemeja progresivamente a Dios.

Siguiendo a Platón y Aristóteles, Tomás de Aquino afirma que «la sabiduría es el camino para llegar al reino de la inmortalidad» (S.C.G. I, 2). Aquí se puede ver que su filosofía es una continuación de la de sus predecesores griegos y, como veremos en el siguiente capítulo, cristianos. La filosofía de los griegos es una superación del mito no solamente porque acontezca un *logos* nuevo, una nueva razón con la que conocer la realidad, sino porque los hombres ya no quedan circunscritos al reino de los mortales y pueden acceder a la inmortalidad gracias al amor a la verdad.

La palabra con la que los griegos llamaban a la *verdad* era «ἀλήθεια» (*alétheia*). La *alétheia* es aquello que *deja de estar oculto* y *lo que no cae en el olvido*. En este sentido, la *alétheia* es estar en la verdad, en aquella vida que siempre está despierta porque es un pensamiento que nunca deja de pensar: el *Nous*, «ἔστιν ἡ νόησις νοήσεως νόησις» (1074b34-35), es decir, *la intelección que es intelección de la intelección*. De alguna manera, esto es lo que se *desoculta* y lo que nos hace *no caer en el olvido*, porque *nos mantiene despiertos noéticamente*. Mantener la mirada puesta en el *Nous* es el rumbo hacia la inmortalidad, hacia *el verdadero recuerdo que nunca olvida*.

Aquello que no se olvida es aquello que verdaderamente se ama. Podemos decir, entonces, que *amar a Sofía es el camino hacia la inmortalidad*. Y, como dice Aristóteles, «ὅτι δ᾽ ἐστὶ θεωρητική», es una actividad *teórica* y es, además, «τῶν ἐν ἡμῖν τὸ θειότατον», a saber, *lo más divino que hay en nosotros*. Quien busca la *vida intelectual*, quien se empeña en la *vida filosófica*, se inmortaliza, porque *vive divinamente*. Por ello, tenía razón Tomás de Aquino al decir que «el estudio de la sabiduría es el más perfecto, sublime, provechoso y alegre de todos los estudios humanos». Porque ¿hay algo mejor en lo que empeñarse? ¿Hay algo más deseable que *la verdadera bienaventuranza*? ¿Dónde podremos encontrarla?

EL ROSTRO
DE LA SABIDURÍA

La esperanza de la filosofía griega era contemplar la realidad divina con el pensamiento para comunicar la vida más alta a la realidad de la *polis* y transformarla con un bien intangible e incorruptible. La mirada de los filósofos socráticos estaba puesta en lo más alto, quizá, para hacer que la belleza celeste se reflejara en las pupilas de su alma proyectándose en las realidades terrenas y, en la medida de lo posible, elevarlas. Era un gran esfuerzo el que tenían que hacer para llegar a lo más elevado… Sin embargo, la esperanza de los filósofos griegos no se realizó en Atenas ni en Alejandría, sino en una ciudad de la provincia romana de Judea cuando, en tiempos de Augusto, un ángel expresó las palabras que contienen la esencia del *euangélion* (*εὐαγγέλιον*), del *buen mensaje cristiano*: *Χαῖρε* (*Chaîre*), ¡*alégrate*!

El fin de toda la filosofía griega –«el fin de todo lo humano», como dice Aristóteles– se hizo realidad en una mujer judía llamada «*Μαριάμ*» (Mariám), que proviene del hebreo *Miryam* y significa *la elevada o la excelsa*. María es la que ha transformado el sentido del *amor a la Sabiduría* porque en ella acontece verdaderamente la vida filosófica. María es la «κεχαριτωμένη» (*kecharitōménē*), la *llena de gracia*, la *llena de Dios* (Lc 1, 28). Toda la vida divina habita en ella y, por eso, la Sabiduría de los cristianos se encarna en ella. María vive en sí misma toda la vida eterna, toda la intimidad de Dios, y la hace presente en la historia humana. Por eso, gracias a ella, el ángel puede decir «Μὴ φοβοῦ» (*Mè phoboû*), ¡*no temas!* Ella trae la Sabiduría al mundo de los mortales... Para los cristianos, por tanto, *Sofía es en María*. Es la síntesis perfecta del tiempo y la eternidad: ella hace acontecer la plenitud de los tiempos.

Si los filósofos socráticos tenían la esperanza de transformar su ciudad, con María, los cristianos tienen el convencimiento de que se ha transformado la humanidad. Con ella, la Sabiduría adquiere un rostro humano reconocible para todos: basta contemplar el suyo. Si la sabiduría griega consistió en buscar la imitación de Dios, la sabiduría cristiana comprende que Dios quiso imitar a María y por ello la eligió para entrar en nuestra historia como su hijo. Ciertamente, amar la Sabiduría, para el filósofo cristiano, es amar a María: la Sabiduría se encarnó en ella y quiso asemejarse a ella para que los hombres de todas las épocas pudieran conocerla. Sin lugar a dudas, la filosofía cristiana tiene un nombre: María.

El rasgo más definitorio del pensamiento cristiano es que la Sabiduría no es una realidad trascendente, totalmente separada del mundo y que solamente puede ser conocida por los más eruditos. No se queda solamente en eso. La Sabiduría no es una entidad que desdibuja lo concreto, porque es una realidad encarnada. La Sabiduría tiene rostro humano. Ha hablado con palabras humanas a personas concretas. Porque «ὁ λόγος σὰρξ ἐγένετο» (Jn 1, 14), es decir, *la Palabra se hizo carne*. La realidad absolutamente separada que contemplaron los filósofos griegos y que solamente podía ser considerada metafísicamente se encarna en el seno de María, haciéndose semejante a ella y, por tanto, a nosotros, los seres humanos. Nos encontramos ante una transformación radical de la comprensión de la realidad teológica en el mundo grecorromano. El *Nous* que consiste en ser «νόησις νοήσεως νόησις», una intelección que es intelección de la intelección y que no mira más allá de sí, imita a una mujer para hacerse conocer por todos los hombres. María es *alétheia* en toda regla, pues ella *saca a Dios de su ocultamiento* aceptándolo y hace que *no caiga en el olvido:* al mirarla a ella, se piensa en Dios. María es quien *verdaderamente revela* a Dios. Su libertad es la fuente de la revelación divina.

Cuando leemos el Génesis y nos encontramos con la creación de la luz por Dios, la *Septuaginta* se expresa diciendo «ἴδεν ὁ θεὸς τὸ φῶς ὅτι καλόν» (Gn 1, 4), es decir, «y vio Dios que la luz era *bella*». Se traduce habitualmente καλόν como *bondad*, pero un griego la leería como *belleza*. En este sentido, Dios introduce en la creación del mundo la belleza de la luz para que todo resplandezca. Este acontecimiento nos indica que la verdad es el fundamento del mundo, pues la belleza es el resplandor de la verdad. Gracias a la luz, es posible distinguir los cielos y la tierra. Si tuviéramos que indicar cuál es el rasgo definitorio de la luz, más que el resplandor, habría que decir que la luz es *transparente* y por eso es *hu-*

milde, pues nos permite fijarnos en lo que no es ella misma y distinguir las cosas.

Cabe decir, entonces, que, del mismo modo que la llegada de la luz a la creación del mundo nos permite distinguir los cielos y la tierra, la existencia de María nos permite distinguir la historia de la humanidad en dos momentos claramente diferentes. Con ella, la humanidad encuentra su *vida verdadera*. Ella hace posible, de algún modo, no solamente que el hombre sea *capax Dei*, sino que Dios sea capaz de hacerse hombre. Su belleza, además, es la razón por la cual el Creador quiere hacerse criatura y su existencia llega a la historia de la humanidad llenándola de luz: ella, discretamente, permite la entrada a Dios en el mundo con la sencillez de su corazón. Ella expresa, de este modo, la esencia y el sentido de lo que significa *ser persona: imago Dei*. María es la criatura en la que el Creador puede decir «*Ἐγώ εἰμι ὁ ὤν*» (Ex 3, 14), es decir, *Yo soy el que soy*.

María es la Gloria de Dios en la historia. Por eso, los cristianos saben que el momento histórico que están viviendo es el *tiempo de la gracia*, el tiempo de la alegría (*Chaîre*), porque la felicidad ya no es una *eudaimonía*, un *buen espíritu* que aparece después de un largo esfuerzo filosófico, sino que está viva en una persona concreta: en la llena de gracia (*kecharitōménē*), *la llena de alegría*. Esa es la razón por la que los cristianos saben que en María hay más filosofía que en la mente de todos los filósofos… La felicidad del cristiano comienza cuando posa su mirada en ella. ¿No dice Tomás de Aquino que el estudio de la sabiduría es el más alegre de todos los estudios humanos? Nada más alegre, entonces, que detenerse para comprender *quién* es María.

Ella nos permite vislumbrar que la persona humana es la criatura en la que Dios puede reconocerse en su creación y saber que es en ella. Esto nos está diciendo que, gracias a María, el ser humano recuperó la condición de *prójimo de Dios*, que perdió al hacer caso al «se os abrirán los ojos y seréis como dioses» (Gn 3, 5) de la serpiente en el Edén[1]. Hay aquí una realidad tanto de Dios como de la criatura muy singular y novedosa: Dios no es aquel que se mantiene absorto en la soledad de su pensamiento y de su ser haciendo que todo se mueva hacia él mismo, carente de toda alteridad; con María comprendemos que Dios no es aquel que es Absoluto (ab-solus, lo más separado), sino que es el *prójimo*, el más cercano, el *Emmanuel*, el *Dios con nosotros*.

---

[1] La condición de *prójimo de Dios* es originaria de la persona humana. De alguna forma, es constitutiva del ser de la persona humana. Por eso, la tentación de la serpiente introdujo a Eva y a Adán en la confusión. Hasta ese momento, todas las palabras que se habían pronunciado en la creación eran verdaderas y manifestaban la esencia de las cosas. A partir de las palabras de la serpiente se introduce la mentira en el mundo, que es la verdadera causa de la muerte. La mentira es lo que cerró los ojos de Eva, en vez de abrírselos, que fue la promesa de la serpiente. Se los cerró a su verdad constitutiva: como imagen de Dios, Eva ya era como Él. Al escuchar las palabras de la serpiente, Eva perdió de vista a Dios y, en consecuencia, perdió el conocimiento de sí misma, la altura con la que Dios la había creado, y quiso dejar de ser su imagen para sustituir a Dios, que fue el pecado originario de Lucifer. El Ángel Caído es aquel que creyó que su luz podía ocupar el lugar de la Luz. Así se convirtió en fuente de oscuridad, en una luz que mata todo resplandor y que se camufla de belleza para ocultar su vacío, su nada. Por eso tentó la serpiente a Eva, a la mujer, porque ella, como fuente de vida, es la criatura más semejante a Dios en la creación y, así, desdibujó la imagen divina del hombre y su lugar en la creación.

La *revolución metafísica* del cristianismo se descubre, claramente, con María. La metafísica griega entendía que el Ser era aquel que se bastaba a sí mismo y que no necesitaba de otro. En modo alguno, en Dios había alteridad ni la necesitaba. La imagen de la libertad del sabio griego estaba fundada en esta idea de Dios: sabio es aquel que se basta a sí mismo. En cambio, con el cristianismo se produce un giro metafísico radical, porque Dios no es el que es absolutamente en su soledad, sino que es aquel que me convierte en su prójimo y que realmente me ama como a sí mismo: María es la *kecharitōménē* por deseo explícito de Dios y, casi por capricho divino, la eleva hasta sí mismo sin sacarla de su realidad humana.

Se trata de un «capricho» que no debe extrañarnos del Dios del Evangelio, que en Juan 21, 22 afirma: «Si quiero que se quede hasta que yo venga, ¿qué te importa?». En el original griego se usa la palabra «θέλω» (*thélō*), que significa algo así como *desear espontáneamente*, un *querer vivo* de la voluntad que actúa libremente. Esto lo dice Jesús cuando Pedro no comprende que la libertad de Jesús es tan libérrima que puede dar sin restricciones. Eso nos da a entender que solamente puede ser correspondida por otra libertad libérrima: la de María, que es imagen de la libertad perfecta de la criatura. Así, la sabiduría cristiana es, a fin de cuentas, una imitación de la libertad de María.

Por todo esto sabemos que el Dios de los cristianos mira al ser humano, a su criatura, como a su semejante, y aquí, en este punto, radica su realidad personal. Dado que el Dios Trino es aquel que contiene dentro de sí la alteridad porque es Padre, Hijo y Espíritu Santo, es capaz de sacarme de mi soledad al convertirme en su prójimo gracias a María. Al fijarnos en ella, tenemos la certeza de que toda la creación tiene sentido y por su belleza sabemos que vale la pena ser hombre[2]. La paradoja de la sabiduría cristiana no consiste, como la griega, en desear la vida divina, sino en desear la vida humana porque el mismo Dios ha querido vivirla plenamente al querer ser el hijo de María. El amor a la sabiduría en el cristianismo consiste en preguntarse hasta qué punto la vida humana es digna de ser vivida porque su Creador ha querido ser partícipe de ella.

Si la filosofía griega se basaba en la *fuga* o *huida hacia Dios*, la filosofía cristiana se basa en la *entrada de Dios en la vida humana* y en comprender *la humanidad de Dios*. A esta cuestión dedica Tomás de Aquino la tercera parte de la *Suma Teológica* y, en cierto modo, podemos decir que una de las últimas cuestiones que ocuparon su pensamiento al final de su vida. Tras una experiencia mística el 6 de diciembre de 1273, decidió dejar de escribir. Le dijo a su secretario que ya no era capaz de hacerlo, porque todo lo que había escrito no era más que *un montón de paja*. Podemos ver, entonces, que la cuestión de la Encarnación del Verbo de Dios no es baladí y que, vista en profundidad, puede llenar de asombro hasta el punto de acallar a una de las voces más importantes en la historia del pensamiento cristiano. Porque ¿qué es la palabra humana ante la Palabra divina? *Un montón de paja*. Lo fue para Tomás y lo es para nosotros. Pero de esta cuestión nos ocuparemos en el último capítulo de este libro.

---

[2] Al contemplar a María y llenarnos de asombro, nos unimos al *asombro de Dios*.

Ahora intentemos comprender la tradición de la filosofía cristiana, que busca escrutar este Misterio casi inefable a partir de la palabra que lo ha hecho inteligible para nosotros: *María*[3]. Ella ha hecho que las palabras humanas sean algo más que paja. Sus palabras han introducido la Palabra en la historia de los hombres con el mismo verbo con el que Dios crea la luz en el Génesis: γίγνομαι (*gígnomai*). La palabra de María también es, en cierto modo, *creadora*. El Creador dice en Génesis 1, 3: «Γενηθήτω φῶς» (*Genēthētō phōs*), *hágase la luz*. Y María, en Lucas 1, 38, dice: «γένοιτό μοι» (*Genoito moi*), *hágase en mí*. A ejemplo del Creador, el *hágase* de María tiene un simbolismo muy significativo: está verbalizando la palabra con la que Dios trae a la existencia a las criaturas para traer al mundo de la criatura al Creador. Es en este sentido que puede decirse que María es verdaderamente la *Madre de Dios*, porque su palabra ha traído a la existencia humana a la Palabra Creadora: la palabra de María es *palabra de la Palabra*. No crea al Creador, pero sí que se puede

---

[3] Quizá el lector pueda tener la impresión de que dedicar tantas líneas a María es una exageración retórica del autor. Sin embargo, no es así en modo alguno. Ya que, si el fin del amor a la sabiduría es conocer lo más divino que hay en nosotros, tal como entendieron Platón y Aristóteles, ¿podemos pensar en alguna persona que haya conocido a Dios mejor que María? Ella es la persona en quien el Verbo ha habitado y de quien ha tomado su carne para existir entre los hombres. Si podemos hablar de una filósofa en la historia del pensamiento cristiano, esa filósofa es María. Si se puede decir de alguna persona que haya conocido lo más divino que hay en ella, esa persona es María. Toda la Sabiduría de Dios ha vivido dentro de ella y ha tomado su vida para vivir la vida humana. ¿Puede un pensador cristiano apartar la mirada de María cuando se para a considerar qué es lo más divino que hay en la persona humana? Hacerlo es perder de vista las verdaderas posibilidades de la libertad humana...

decir que *lo encarna*. En cierto sentido, María introduce una novedad[4] en el ser de Dios: su palabra le permite ser *humanamente*. Ella es verdaderamente *Theotokos* (Θεοτόκος): *la que alumbra a Dios*, la Madre de Dios. María es la luz que alumbra a la Luz[5] y su palabra es la luz en la historia de los hombres con Dios...

Como luz, María alumbra el *nous* humano y nos permite vivir la vida filosófica de la forma más alta posible. Ella es maestra del *nous cristiano*. El Evangelio de Lucas nos da la clave de esa nueva vida intelectiva que ella introduce. Dice Lucas que ella «συνβάλλουσα ἐν τῇ καρδίᾳ» (Lc 2, 19), es decir, que *María simbolizaba todas estas cosas en su corazón*. El *nous cristiano* de María es un *intelecto simbólico*: νοῦς συμβολικός (*nous symbolikós*). ¿Por qué? Porque lo que caracteriza al *nous cristiano* es el verbo συμβαλλείν, *symballein*, es decir, *unificar*. Ella es la que unifica al hombre con Dios y a Dios con el hombre porque esa unión acontece en ella misma: la antigua y la nueva creación del mundo. María es un *milagro* que requiere una *nueva inteligencia* para ser comprendido, una verdadera *metanoia*, una *conversión*: con ella comprendemos que *Dios habla a la razón a través del corazón*[6]. La *inteligencia cristiana*, su auténtico *nous*, es, verdaderamente,

---

[4] En este sentido, Tomás de Aquino dice sobre la novedad de la Encarnación: «El misterio de la encarnación no se verificó como si Dios pasase, de alguna manera, de un estado a otro que no tuvo en toda la eternidad; sino porque se unió a la criatura de un modo nuevo, o mejor, porque se la unió a sí mismo de una manera nueva» (S. T. III, q. 1 a. 1 ad 1).

[5] Porque es la luz que alumbra la Luz, María acaba con el poder de Lucifer, cuya luz oscurece la Luz divina o intenta eclipsarla.

[6] Ella es la armonía de la fe y la razón.

un *νοῦς καρδιακός* (*nous kardiakós*), es decir, que *el intelecto es el corazón*[7].

¿Y qué es lo que comunica Dios al corazón que es alumbrado por la verdad de María? Que la Razón que da forma y orden a todos los seres ha sido alumbrada por una joven judía llamada *Miryam* y que ha sido ella la que ha impartido la primera lección de teología en la historia del cristianismo. María es la teóloga por antonomasia y es ella la que de verdad ha comprendido la Palabra: *ella le ha dado la lengua materna al Hijo de Dios*. Jesús conoció el mundo a través de los labios de María. La personalidad de María está presente en las palabras que ha pronunciado el Verbo Encarnado: «Todo lo que he oído a mi Padre os lo he dado a conocer» (Jn 15, 15) con las palabras de María.

María enseñó a hablar a la Palabra de Dios encarnada. ¿Será ella quien nos enseñe a pronunciar las palabras adecuadas para hablar con Él? Para escuchar al Verbo Encarnado, hay que escuchar a María: «*Μεγαλύνει ἡ ψυχή μου τὸν Κύριον*» (Lc 1, 46), es decir, *Magnificat anima mea Dominum* (proclama mi alma la grandeza del Señor). La comprensión de la Palabra de Dios comienza desde el *gozo* de un corazón que ha sido transformado por la *Belleza de Jesucristo*. Ese corazón es el *corazón mariano*, aquel que es capaz de *transparentar* toda la Gloria divina en sí mismo. Esa es la razón por la que dice María que *la llamarán bienaventurada todas las generaciones*. Ella vive la *verdadera bienaventuranza* y es

---

[7] Así lo define Pablo en Efesios 1, 18 cuando habla de los *ojos del corazón* (*οἱ ὀφθαλμοὶ τῆς καρδίας*).

a ella a quien se refería Tomás de Aquino cuando decía que *el filósofo posee ya de alguna forma la verdadera bienaventuranza*. La posee cuando mira a María y la elige como *Maestra de Sabiduría*, porque ella es quien nos enseña a conocer al Verbo Encarnado.

Lo que dice el Verbo es lo que sigue: «Ἴδε ἡ μήτηρ σου» (Jn 19, 27), *contempla a tu madre*. Estas palabras de Jesús en la Cruz nos están dando la clave interpretativa de toda la teología cristiana. Si queremos conocer al Verbo de Dios, hay que contemplar a María. Hay que elegirla como Maestra y como Madre, si queremos conocer a su hijo, porque ella fue quien meditó (quien simbolizó en su corazón) el Misterio de Jesús durante toda su vida. Esa es la razón por la que Jesús entrega a su madre cuando está muriendo en la Cruz, porque ella es la primera cristiana de la historia. Esto significa que *creer en Jesús es creer en la verdad de la palabra de María*: es Virgen y Madre.

Esa contemplación de María fue la que ejercitó su marido, José, quien guardó silencio durante toda su vida y dejó que la luz mariana guiara su existencia hasta su muerte. Un momento que quedó oculto en la intimidad de Jesús y de María, a ejemplo del ocultamiento de Dios Padre. José nos enseña que la sabiduría del padre consiste en saber ocultarse y guardar silencio: *el padre es aquel que es para que otros sean...* Cuando Jesús dice que hay que contemplar a María, está diciendo que hay que seguir el ejemplo de Dios Padre y de José: el camino de la sabiduría consiste en saber contemplarla, en guardarla dentro del corazón, porque si ella está dentro, toda la vida de Dios estará oculta en nosotros y en algún momento se manifestará.

En esencia, la *imitación de María* es la verdadera *imitación de Dios*, porque la llevó a la práctica al querer ser su hijo. Por eso, la *imitación de Cristo* es aprender a ser *hijo de María*. Ella es el mejor camino para comprenderlo e *imitarlo*. En esta línea, la principal enseñanza de los primeros filósofos cristianos es que hay que lograr la *semejanza de Cristo*, porque es el camino que tiene el ser humano para divinizarse. Como decía Clemente de Alejandría: todos somos imagen de Dios, pero *para ser su semejanza, hay que asemejarse a Jesucristo*. Una semejanza que comienza con María. Pero quien nos enseña a ser sus hijos es Jesús. Por eso, María dijo: «Ὅτι ἂν λέγῃ ὑμῖν ποιήσατε», *haced lo que él os diga* (Jn 2, 5), porque imitando la humanidad de Cristo adquirimos su divinidad. De este modo, el cristianismo estaba en perfecta sintonía con las aspiraciones de la filosofía griega al poner la mirada en el mismo fin: el ser humano puede vivir la vida más alta, la vida de Dios, y se cumple, así, la búsqueda de los filósofos antiguos[8] y la esperanza evangélica.

Clemente de Alejandría expresó esta síntesis sapiencial de la fe cristiana con estas palabras: «Nosotros, hijos de un Padre bueno, criaturas de un buen Pedagogo, cumplamos

---

[8] Por eso dice Benedicto XVI que «la fe cristiana pudo presentarse como la *religio vera*. La pretensión de universalidad del cristianismo se fundamenta en la apertura de la religión a la filosofía. Es así como se explica que, en la misión que se desarrolló en la antigüedad cristiana, el cristianismo no se concibiera a sí mismo como una religión, sino como una continuación del pensamiento filosófico, es decir, de la búsqueda de la verdad por parte del hombre» (Benedicto XVI, 2023, p. 53).

la voluntad del Padre, escuchemos al Logos e imprimamos en nosotros la vida realmente salvadora de nuestro Salvador. Llevando, ya desde ahora, la vida celestial que nos diviniza, unjámonos con el óleo de la alegría, siempre viva, y del perfume de la pureza, tomando la vida del Señor como un modelo radiante de incorruptibilidad, y siguiendo las huellas de Dios» (Clemente de Alejandría, *El Pedagogo*, pp. 131-132).

Clemente de Alejandría es uno de los padres de la *gnosis cristiana*[9]. No de aquella que fabula mitos y desvirtúa la revelación[10], sino de aquel conocimiento profundo y personal de

---

[9] En sentido estricto, *gnosis* significa *conocimiento* en griego: γνῶσις.

[10] El *gnosticismo* es un conjunto de doctrinas que se sirven del lenguaje filosófico para expresar mitos acerca del conocimiento de Dios y del origen del hombre y del universo. En sentido estricto, es un retorno del pensamiento mítico que se ofrece como un camino filosófico y que se concreta en muchas escuelas o grupos a lo largo de la historia hasta el presente. Tiene su origen en la influencia que ejerció el pensamiento oriental cuando el Imperio romano comenzó a expandirse hacia el este. Bebe en gran parte del pensamiento neoplatónico y de los mitos de la religión irania y romana. Desde los primeros siglos del cristianismo, ha sido una forma de religiosidad que entró en conflicto con la Iglesia cristiana, porque se sirvió del lenguaje evangélico para ofrecerse como un verdadero camino para conocer a Dios. De hecho, a diferencia de la fe cristiana, en las doctrinas gnósticas se afirma que gracias a ellas se alcanza un conocimiento directo de Dios e, incluso, se adquiere el conocimiento del propio Dios y su poder divino, pues su pretensión última es la magia. A diferencia de la filosofía, sea cristiana o anterior a ella, el gnosticismo comprende que la realidad está fundada por el bien y por el mal, no en el ser, la verdad, el bien y la belleza. De alguna forma, podemos decir que el gnosticismo, o los gnosticismos, ha sido un conjunto de doctrinas que han coexistido con el cristianismo desde su origen y de las que el último se ha tenido que diferenciar siempre porque, en esencia, el gnosticismo propone un conocimiento *esotérico*, secreto, de Dios, reservado a unos pocos elegidos. A diferencia de la fe cristiana, que es un mensaje público, eminentemente *exotérico*, el gnosticismo no está abierto a todas las personas, sino a un grupo de iniciados que son introducidos en sus doctrinas secretas y místéricas. A día de hoy, el gnosti-

la persona de Jesús basado en el escrutinio concienzudo de la Sagrada Escritura. La gnosis cristiana es el conocimiento que nos permite comprender al Logos Encarnado y contemplar el Rostro de la Sabiduría. Un rostro que es el de Jesús de Nazaret. Las palabras del padre alejandrino nos muestran el entusiasmo con el que vivieron la fe los primeros cristianos. Estaban convencidos de la verdad de Jesucristo, de la verdad de que el *Logos,* que es la razón de todo lo que existe, se había hecho carne y que la *humanidad de Dios* es cierta.

Gracias a esa certeza, podemos decir, entonces, que esta es la *gnosis cristiana:* el conocimiento personal de Jesús, permitir que el Verbo nazca en uno mismo para que la vida divina acontezca en la criatura. En este sentido, es un conocimiento del corazón, la *intelección cardial* del *nous kardiakós* cristiano. Una intelección que consiste en un volverse hacia el Verbo con constancia y fidelidad para que toda su vida aparezca ante la criatura y el horizonte de la alegría esté siempre delante. Se trata de una *gnosis* que alcanza la *vida adverbial:* ser en relación con el Verbo (ser ad-verbios). Esta es «la vida celestial que nos diviniza», la vida que ha entregado el Verbo a los hombres y, por ello, Clemente invita a ungirse «con el óleo de la alegría», con el aceite de los verdaderos cristianos,

---

cismo y la fe cristiana siguen siendo incompatibles porque su naturaleza es radicalmente diferente: el gnosticismo es una inversión consciente del relato y de los valores cristianos, pues, en síntesis, afirma que Lucifer es el gran benefactor de la humanidad y que la verdadera comprensión de la Sagrada Escritura consiste en caer en la cuenta de ello. A día de hoy hay numerosos grupos gnósticos consolidados, uno de los más famosos es la *francmasonería*, fundada oficialmente en Londres en 1717 cuando se constituyó la Gran Logia Unida de Inglaterra.

que son un «reino de sacerdotes» (Is 19, 6) coronados con la corona de María, que es la *Reina de la Alegría*.

Esto es lo que comenzó gracias al *hágase* de la madre de Jesús. Un *hágase* que también debe pronunciar el cristiano para que la vida celestial nazca en su corazón. Un *hágase* que, en el fondo, es una plegaria: la de que la propia libertad se abra a un futuro que por ella misma no puede alcanzar. Como dice Pablo en la Epístola a los Filipenses, «olvido lo que dejé atrás y me lanzo a lo que está por delante» (Flp 3, 13). Ese lanzarse hacia delante del que habla Pablo es expresado en griego con la palabra *epekteinómenos* (ἐπεκτεινόμενος), que significa *extenderse, expandirse* o *crecer*. La filosofía cristiana consiste en eso, *expandirse en Dios, crecer sin límites en Él,* porque «en él vivimos, nos movemos y existimos» (Hch 17, 28).

Se trata de un crecimiento que Gregorio de Nisa, otro de los grandes padres de la Iglesia, expresó con la palabra *epéktasis*, siguiendo a Pablo de Tarso en Filipenses. En su *Vida de Moisés,* el sabio niseno profundiza en el conocimiento del corazón, que es el que verdaderamente abre el camino para conocer a Dios: «quien ha purificado el oído del corazón y lo ha vuelto sensible, tras acoger este sonido –me refiero al que se origina en la contemplación de los seres y lleva al conocimiento del ser divino–, es guiado por él hasta penetrar con el pensamiento allí donde está Dios. Esto es llamado tiniebla por la Escritura, para indicar, como se ha dicho, lo incognoscible y lo invisible» (Nisa, 1993, p. 173).

La *epéktasis* descrita por Gregorio de Nisa es una penetración en lo más oculto y recóndito del propio ser, en aquella intimidad del corazón que, como describió también Agustín de Hipona, es más íntima que uno mismo. Se sirve Gregorio de la figura de Moisés para ilustrar el ascenso –que es un camino interior– que cabe hacer hasta Dios mismo cuando se comprende *alegóricamente* la Sagrada Escritura. Se trata de una gran enseñanza simbólica para alcanzar el conocimiento del Rostro de Dios. Quien sigue este camino interior de contemplación, de la *vida teórica* de los filósofos griegos precristianos alimentada por la verdad revelada, «penetra en el santuario secreto de la *theognosia*» (Nisa, 1993, p. 172).

El camino de la fe es, de este modo, una senda de verdadero conocimiento de Dios, de penetración del misterio divino. Como dice Gregorio, se llega a penetrar con el pensamiento allí donde está Dios. Sin embargo, a pesar de ser conocimiento verdadero, lo que se experimenta, ciertamente, es una total ignorancia de la divinidad, porque *el conocimiento de Dios es una tiniebla*. Se trata de un conocimiento que tiene como punto de partida una total *agnosia*, un desconocimiento: hay que *abandonar* todo lo conocido. Gregorio lo expresa de esta manera: «Abandonando todo lo que es visible, no solo todo lo que cae bajo el campo de la sensibilidad, sino también todo cuanto la inteligencia parece ver, marcha siempre hacia lo que está más adentro, hasta que penetra, con el trabajo intenso de la inteligencia, en lo invisible e incomprensible, y allí ve a Dios» (Nisa, 1993, p. 171).

La senda que recorre Gregorio sirviéndose de la imagen de Moisés es la del abandono de todo conocimiento sensible e intelectual, porque aparece como un *límite para el pensamiento*. Todo lo conocido es un obstáculo para conocer a Dios. *Lo conocido es límite del pensar que quiere alcanzar a*

Dios, porque «lo que buscamos trasciende todo conocimiento, totalmente circundado por la incomprehesibilidad como por una tiniebla» (Nisa, 1993, p. 171). Esto significa que todo aquello que se encuentra en la esfera de lo conocido o que es *tenido por el pensamiento* debe ser abandonado para que se dé el avance en el conocer que aspira a una vida infinita. Si uno se aferra a lo conocido, se queda en el ámbito del límite del pensamiento, en lo finito de las ideas que ha obtenido en base a su experiencia sensible e intelectual. Sin embargo, la actividad cognoscitiva humana puede no detenerse ahí, en lo que ya ha sido conocido. Y de eso habla Gregorio de Nisa, de aquello que cabe trascender para acceder a una vida sin límites, en la que el propio ser se expande y crece infinitamente porque se halla inmerso en una vida inconmensurable. Aquella vida que trasciende la mera razón y se sumerje en el conocimiento del corazón, porque «la divinidad está allí donde no alcanza la inteligencia» (Nisa, 1993, p. 90).

Por eso, para avanzar en esta vida sin límites, es necesario abandonar todo lo limitado. Así es como se alcanza la verdadera virtud para Gregorio: dejando atrás los límites y lanzándose hacia adelante, donde se encuentra el Bien Infinito, que es Dios mismo. Como dijo Pablo de Tarso: «Olvido lo que dejé atrás y me lanzo a lo que está por delante» (Flp 3, 13). En este sentido, se entiende que Agustín de Hipona dijera: «nuestro corazón está inquieto hasta que descanse en ti» (*Confesiones* I, 1), porque en el camino de la vida infinita no cabe detenerse, al tratarse en sí mismo de un *crecimiento puro* en Aquel que verdaderamente Es. Un crecimiento que solamente te puede llevar a progresar hacia adelante, infinitamente, y que te arranca de toda limitación al lanzarte hacia el Ser que carece de límite.

Este es el tipo de *vida* que ofrece la sabiduría de la fe cristiana y que los Padres de la Iglesia recogieron. Dios, como Misterio, es un camino de libertad, de infinitud, de crecimiento, que desata los límites de aquellos que se dejan seducir por su belleza. Se trata del camino del amor divino, que nos lleva más allá de lo que podemos *ver* y de lo que podemos *oír* por nosotros mismos (1 Co 2, 9), más allá de todo conocimiento y sabiduría anteriores. Cuando Pablo de Tarso cita a los profetas Isaías y Jeremías en la Primera Carta a los Corintios, está hablando del conocimiento que proporciona el amor a esa vida divina que se otorga a aquellos que, con un corazón verdaderamente sincero, buscan a Dios mismo. Se trata de un conocimiento que se comunica de corazón a corazón: «una sabiduría de Dios, misteriosa, escondida», que es «desconocida de todos» (1 Co 2, 7-8). Una sabiduría que late en la intimidad divina, discretamente, y que, silenciosa, ha estado esperando el momento oportuno en la historia para darse, para entregarse a sí misma a aquellos que la desean con todas sus fuerzas. Es la sabiduría que «conoce lo íntimo del hombre» y que «conoce lo íntimo de Dios» (1 Co 2, 11). Así, siendo una sabiduría que sondea intimidades, que escruta corazones «desde antes de los siglos» (1 Co 2, 7), se da en la medida en la que los corazones son semejantes, en la medida en la que el corazón del cristiano desea sin restricciones amar a Jesucristo.

Esta sabiduría lleva a comprender que el amor a Cristo es verdadero conocimiento, porque es la fuente de la verdad de cada persona y convoca la libertad particular de cada una. Así, el camino sapiencial cristiano es una inmersión en la vida del Espíritu Santo, que es quien conoce la intimidad divina. Gracias a la aceptación del Espíritu de Dios, que es el gran don que recibe quien lo busca, «poseemos el pensamiento de Cristo» (1 Co 2, 16). Aquel pensamiento que permite acceder a otro tipo de lenguaje que no está limitado por nuestro desconocimiento o ignorancia de Dios, por «palabras aprendidas de la sabiduría humana, sino aprendidas del Espíritu, expresando realidades espirituales en términos espirituales» (1 Co 2, 13). De esta forma, siendo fiel al lenguaje de Cristo, a su Palabra, el que ama verdaderamente la sabiduría no corrompe las realidades espirituales con un lenguaje que no es propio de ellas, como ocurre en el gnosticismo, sino que busca familiarizarse con ellas a través del Espíritu mismo, abandonándose en Él. El amor a la sabiduría, en términos cristianos, es el amor al Espíritu Santo, que es el Amor que puede conocerlo todo y juzgarlo todo, «hasta las profundidades de Dios» (1 Co 2, 10).

Dios entrega su intimidad. Entrega su corazón. Este es el don de la sabiduría de la fe. El camino sapiencial cristiano tiene como punto de partida esta experiencia de amor y de libertad. En realidad, en esto consiste el *Logos* de la fe cristiana, de la filosofía cristiana. Si en la filosofía precristiana, la experiencia del *Logos* era la de un pensamiento eterno que se bastaba a sí mismo, en el cristianismo se transforma el *Logos* y se convierte en *una libertad fundante que se entrega sin límites*. No se trata de una realidad anónima y sin rostro que está por encima de mí mismo y que necesariamente tengo que desear porque es un fin cósmico. Es una mirada que desde la eternidad me contempla y me llama por mi nombre entregándose a mí... creándome: «Antes de haberte formado yo en el seno materno, te conocía, y antes de que nacieses, te tenía consagrado» (Jr 1, 5). Es la libertad de Dios la que nos hace ser. Una libertad amorosa, delicada, fina, que conoce y ama todos los recovecos de nuestro ser, de nuestro corazón, que ve incluso lo que nosotros mismos no podemos ver, y, por ello, nos libera de nuestra ignorancia amándonos. Esta libertad, que respeta hasta las últimas consecuencias la nuestra, nos acepta desde la eternidad y nos invita a vivirla si realmente la deseamos.

El misterio que vivimos consiste en dejar que Dios sea quien nos haga ser, en corresponder a la libertad divina con nuestra libertad creada, que crece sin límite cuando aceptamos el amor divino. Por eso dice Agustín de Hipona:

> Mi amor es mi peso, él me lleva adonde soy llevado. Es tu Don el que nos enciende y nos lleva hacia lo alto; nos enardecemos y avanzamos. Subimos los peldaños en el corazón y cantamos el cántico en las gradas. Con tu fuego, con tu fuego bueno, nos enardecemos y avanzamos, porque avanzamos hacia arriba, a la paz de Jerusalén. ¡Qué alegría cuando me dijeron: vamos a la casa del Señor! En ella nos acomodará la buena voluntad, hasta el punto de no pretender más que eso: permanecer allí por toda la eternidad» (*Confesiones* XIII, 10).

Estas palabras de Agustín de Hipona ponen en claro hasta qué punto la libertad y el amor juegan un papel fundamental en la sabiduría de la fe. En este camino, uno descubre que Dios no quiere nada que nosotros no queramos. No fuerza la libertad. Nuestra libertad es la verdadera fuerza que Dios ha puesto en nosotros. Sin ella, el amor no es posible. Por eso, cuando verdaderamente aceptamos con libertad el Don que es el mismo Dios, es decir, el Espíritu Santo, el amor divino se enciende en nosotros y el corazón se eleva infinitamente, hasta la eternidad... Esa es la razón por la que Agustín afirma: «El amor es mi peso», porque, como dice en ese mismo pasaje, «todo cuerpo, por su propio peso, tiende al lugar que le es propio», y la libertad, cuando es verdaderamente libre, disfruta y crece donde acontece la *libertad pura*, que es Dios mismo. Esto significa que el camino de la sabiduría cristiana asevera que la verdad consiste en esto: no podemos conformarnos con menos que con Dios. Tal es el peso, la profundidad, del ser humano. Tal es la dignidad de la vida humana.

Es una vida recogida y mimada por su Creador desde lo más íntimo de su corazón. Una vida que late y se desarrolla en la misma intimidad de Dios. En este sentido, ser persona significa estar llamado a latir en el corazón de Dios, a vivir en el calor de la Trinidad. La *imagen de Dios* que es la persona humana la hace merecedora del cariño profundo de su Creador. Una delicadeza que es propia de un padre amoroso con sus hijos. Esta es la connaturalidad de la criatura con el Creador, aquel conocimiento que no está restringido por la racionalidad de la criatura, sino que la trasciende y que se basa en la semejanza que se adquiere por la voluntad, por desear sinceramente a Dios. Esta forma de conocer tiene como principio esa *inquietud del corazón*, esa búsqueda constante fundada en un amor que no reposa en lo que ya conoce racionalmente, sino que anhela a Dios en sí mismo. «Porque nos has hecho para ti y nuestro corazón está inquieto hasta que descanse en ti» (*Confesiones* I, 1), como comprendió Agustín y, después, Tomás de Aquino.

Siguiendo al santo de Hipona y también, indirectamente, a Gregorio de Nisa, Tomás considera que *la sabiduría es la caridad de Dios* y, por tanto, la sabiduría y la caridad son sinónimos para el filósofo cristiano. De esta forma, la inteligencia y la voluntad se integran íntimamente, porque la voluntad también es una *facultad cognoscitiva*, una cognición que no es intelectiva, sino desiderativa. La volición trae, de alguna manera, y hace presente aquello que desea, aunque lo presentado no esté presente en la inteligencia, como es Dios mismo. Esa es la razón por la que dice Tomás que «la sabiduría, como don, tiene su causa en la voluntad, es decir, en la caridad» y, por tanto, presenta a la razón la verdad del amor divino y le da la oportunidad de ser más perfecta, porque «su esencia, empero, radica en el entendimiento» (S. T. II-II q. 45, a. 2). Así, el amor, como fruto de la fe[11], ayuda a la razón a juzgar las cosas con sabiduría, porque «la sabiduría es no solo especulativa, sino también práctica» (S. T. II-II q. 45, a. 3). Por eso, quien anda en amor se encuentra, sin saberlo, viviendo en Dios y amando las cosas en Él. Se trata de aquello que decía san Juan de la Cruz: «Entréme donde no supe, / y quedéme no sabiendo, / toda ciencia trascen-

---

[11] Hay que indicar que la fe precede al amor y, por tanto, presenta a la inteligencia previamente la verdad revelada.

diendo». Pues el amor, contemplativa y prácticamente, es un conocimiento que trasciende y perfecciona todo lo conocido: la caridad unifica coherentemente la contemplación y la acción humanas.

En este punto, en el que se otorga a la voluntad un carácter cognoscitivo que la capacita para presentar a la inteligencia aquello que por ella misma es incapaz de conocer[12], radica una de las grandes aportaciones de la sabiduría cristiana a la sabiduría anterior. El anuncio cristiano que hizo Pablo de Tarso a los atenienses, entre los que se encontraban «algunos filósofos epicúreos y estoicos», le hizo parecer como «un predicador de divinidades extranjeras» (Hch 17, 18), pues lo que anunciaba era extraño a su lenguaje filosófico. Esa es la

---

[12] El desarrollo del posterior *voluntarismo* por parte de Duns Escoto y Guillermo de Ockham en el siglo XIV tiene su raíz en la radicalización de esta aportación cristiana a la historia del pensamiento filosófico. Escoto consideraba que la voluntad se activa espontáneamente, por sí misma, y se da a sí misma el objeto de su deseo. Es la *perseitas* de la voluntad: se mueve *per se*. Al otorgar un papel activo a la voluntad a la hora de presentar a la inteligencia algo que por sí misma no es capaz de alcanzar, cabe interpretar que la voluntad está por encima de la inteligencia a la hora de conocer y, en consecuencia, corre a su cargo la potencia cognoscitiva, quedando la inteligencia con un papel pasivo, como mero *espejo* (*speculum*) que refleja la realidad percibida por los sentidos. En consecuencia, es la voluntad la que, en el contexto voluntarista, actúa sobre la inteligencia, determinando qué es lo cognoscible y lo que no lo es. Además, la voluntad se vuelve independiente de la inteligencia a la hora de determinar el bien deseado, quedando, así, el bien y la verdad separados. De esta manera, la inteligencia pierde el contacto con la realidad al no estar la verdad referida al ser y queda a merced de la voluntad, que determina su veracidad. En este contexto, la verdad no depende de lo que las cosas son, sino que la voluntad tiene poder sobre ella. Así, el desarrollo del voluntarismo desde el siglo XIV hasta el presente ha condicionado la manera de comprender la vida humana y, sobre todo, cómo se define la libertad actualmente, como total indeterminación y autonomía.

razón por la que le dijeron que le oían «decir cosas extrañas» que les parecían «la última novedad» (Hch 17, 19-21). Esa novedad era el anuncio del «Dios Desconocido», al que los atenienses adoraban sin conocer en uno de los altares dedicados a sus dioses (Hch 17, 23).

Podemos ver que esa apertura a lo desconocido, a la verdad que anhela el corazón que no se atiene únicamente a lo conocido, que se atreve a buscar al Dios que «no habita en santuarios fabricados por mano de los hombres; ni es servido por manos humanas» (Hch 17, 24-25), es decir, que no es resultado de lo que podemos pensar ni de lo que podemos elaborar por nosotros mismos, es fuente y camino del conocimiento de la fe. Una apertura que tiene como principio el Amor en sí mismo, aquel que ama «pasando por alto los tiempos de la ignorancia» (Hch 17, 30) y que se entrega sin restricciones a todos los hombres, pues pertenecen al linaje divino. Algo que facilita el conocimiento por semejanza con Dios, que trasciende el conocimiento centrado en lo que no es Dios mismo y nos lleva más allá de él. Por eso, dice Pablo lo siguiente: «Si somos, pues, del linaje de Dios, no debemos pensar que la divinidad sea algo semejante al oro, la plata o la piedra, modelados por el arte y el ingenio humano» (Hch 17, 29). No, en modo alguno el conocimiento de Dios es resultado de nuestro hacer, como tampoco es resultado del cumplimiento de la Ley mosaica, «pues la ley no da sino el conocimiento del pecado» (Rm 3, 20).

El conocimiento de Dios está más allá de toda obra humana, incluso de aquellas que se atienen a la ley divina. Entonces, ¿dónde tiene su comienzo? ¿Cuál es su principio?

Tomás de Aquino lo tiene claro, pues afirma que «esa compenetración o connaturalidad con las cosas divinas proviene de la caridad que nos une con Dios» (S. T. II-II q. 45, a. 2). Siguiendo a san Pablo, Tomás comprende que el comienzo de este conocimiento es el mismo Jesús. Creyendo en él se accede a esta gracia, que es don del Espíritu Santo, y así, abiertos al amor divino, «recibiendo el don de sabiduría, alcanza el hombre la filiación con Dios» (S. T. II-II q. 45, a. 6).

La sabiduría de la que habla Tomás es la de la Sabiduría Encarnada, aquella que nos muestra el camino para alcanzar la verdadera divinización del ser humano, su auténtica filiación divina. Por eso, Jesús dice en el Evangelio que él es «el Camino, la Verdad y la Vida. Nadie va al Padre sino por mí. Si me conocéis a mí, conoceréis también a mi Padre» (Jn 14, 6-7). Esta sabiduría que introduce en el mismo Dios es posible a partir de la Encarnación del Verbo y revela, en plenitud, el amor de Dios y lo comunica a aquellos que aceptan la divinidad de Jesús.

En este sentido, Tomás afirma que «la encarnación era necesaria para la plena participación de la divinidad, que constituye nuestra bienaventuranza y el fin de la vida humana. Y esto nos fue otorgado por la humanidad de Cristo; pues, como dice Agustín en el sermón *De Nativitate Domini:* «Dios se hizo hombre para que el hombre se hiciese Dios» (S. T. III q. 1, a. 2). Por eso, el conocimiento de Dios no se alcanza por la aprehensión del ser divino por la inteligencia, sino por la inmersión en la vida divina, que se comunica cuando se emprende el camino de la imitación de Cristo, que está fundado en la gracia divina, actúa en la voluntad, como dice

Tomás, y guía a la inteligencia para que pueda asentir a la verdad revelada.

Viviendo la humanidad de Cristo, se conoce la divinidad de Dios. Así, ambas vidas o naturalezas se unifican e identifican, sin confundirse, cuando se imita el amor de Jesús: «Como yo os he amado, así os améis también los unos a los otros» (Jn 13, 34). El camino de la filiación y la divinización humanas tiene este comienzo, este empedrado de obras de amor, de caridad. Porque, como afirma Tomás de Aquino, «la caridad es la amistad del hombre con Dios» (S. T. II-II q. 23, a. 1).

Quien ama imitando a Jesús de Nazaret demuestra que lo conoce y que vive habitado por él. Por eso dijo que, «si alguno me ama, guardará mi Palabra, y mi Padre le amará, y vendremos a él, y haremos morada en él» (Jn 14, 23). Hasta tal punto llega la amistad del hombre con Dios, que Él mismo vive en él, lo habita, lo posee plenamente y vive la Unidad de la Trinidad en su corazón. La radicalidad del ser personal está aquí. La novedad de su vida dentro de toda la Creación. La persona humana es la criatura en la que Dios puede habitar, puede morar y puede vivir. Eso es lo que revela la Encarnación del Verbo, que toda la divinidad de Dios puede ser vivida humanamente y que toda la humanidad del hombre puede ser vivida por Dios sin que sean alteradas o mezcladas ambas naturalezas. Porque la verdad es que, desde el origen, el ser humano es morada de su Creador. Esa es la razón por la que Tomás de Aquino afirmó que esto «constituye nuestra bienaventuranza y el fin de la vida humana».

Como se puede ver, esto va más allá de la *eudaimonía* aristotélica. Para el filósofo macedonio, «el fin de todo lo humano» es lograr la posesión de ese *buen espíritu*, el *eudaimon*, que te hace sentir, de alguna manera, la vida divina contemplándola. Se trata de una visión muy optimista del fin de la vida humana y una aportación importantísima en la historia de la filosofía. Pero es una felicidad que llega intermitentemente. No se puede vivir siempre. En cambio, la amistad divina de la que habla Tomás de Aquino es más íntima y real. Es una amistad que se funda en el amor divino que Dios nos tiene y que, aceptándolo, nos introduce en una dinámica y en una vida que excede todo lo que podemos esperar.

La relación del hombre con Dios en el contexto de la filosofía precristiana era estrictamente jerárquica y se daba casi por la necesidad de la naturaleza. En el contexto cristiano, es muy diferente. Es una relación de libertades, la del Creador y la de la criatura, y por ello, es una relación verdaderamente amorosa, verdaderamente libre, la de la libertad de los amigos que se aman en virtud de quiénes son y en igualdad de condiciones. Una igualdad que es *creada* y *deseada* por el Creador. Por eso, afirma Jesús que «no os llamo ya siervos, porque el siervo no sabe lo que hace su amo; a vosotros os he llamado amigos, porque todo lo que he oído a mi Padre os lo he dado a conocer» (Jn 15, 15).

Se trata del conocimiento del amor y a través del amor. Ese amor es el Espíritu Santo. Así «somos constituidos amigos de Dios por el Espíritu Santo» (S. C. G. IV, 21). Una amistad que eleva a la criatura a un rango que por sí misma es incapaz de alcanzar. ¿Por qué? Porque diviniza a la persona humana hasta el punto de hacerla una con el mismo Dios. Gracias a esta amistad, la persona que goza de ella es introducida en el misterio de la vida trinitaria y vive la vida del Padre, del Hijo y del Espíritu Santo. Tomás de Aquino lo expresa con estas palabras: «Como por el Espíritu Santo nos constituimos en amadores de Dios, y como todo amado, en cuanto tal, está en el amante, es necesario que por el Espíritu Santo habiten también en nosotros el Padre y el Hijo» (S. C. G. IV, 21).

En la afirmación de Tomás encontramos una gran paradoja de la espiritualidad cristiana, pues, como podemos ver, está diciendo que la criatura puede contener al Creador en sí misma. De alguna forma, la persona humana puede ser recipiente de Dios y el Aquinate considera que este es el fin de toda su vida. Toda la vida eterna se entrega a la criatura que vive sumergida en el tiempo y lo transforma dentro de sí misma, dándole plenitud. El Creador se introduce en su creación habitando el corazón de su criatura... Un movimiento divino que hace que la criatura sea íntimamente con Dios mismo y participe, de alguna forma, de la consustancialidad divina. Por eso, dice Tomás que, como «toda cosa amada está en el amante (...), es necesario que por el Espíritu Santo no solo esté Dios en nosotros, sino también nosotros en Dios» (S. C. G. IV, 21). Algo que expresa el total abandono de la criatura en el Creador.

Puede que no nos hagamos cargo de la fuerza ontológica que tiene la afirmación de Tomás de Aquino. Lo que está diciendo es que la criatura puede ser con la misma intensidad con la que es el Creador. Es posible vivir toda la vida eterna de Dios. El Creador introduce dentro de sí a la criatura, haciéndola igual a Él en caridad. Nuestro pensador está hablando de lo que afirma san Juan en el Prólogo de su Evangelio, que podemos ser engendrados por Dios cuando aceptamos o recibimos su Palabra. En el original griego lo expresa así: «τέκνα θεοῦ γενέσθαι» (Jn 1, 12), que significa la posibilidad de *llegar a ser hijos de Dios*. Podemos ver que Juan emplea el verbo γενέσθαι (*genésthai*), que viene de γίγνομαι (*gígnomai*), que, como vimos anteriormente, es el mismo que emplea Dios en el libro del Génesis para crear y María para aceptar la encarnación divina. Juan está hablando de cómo nacen espiritualmente los hijos de Dios, que son engendrados por Él. Una gestación que no depende de la sangre ni del deseo de la carne, de la voluntad del hombre, sino del propio Dios (Jn 1, 13). Es una gestación que se comunica a todo el ser de la persona, pero que nace en su espíritu, pasando a su alma y a su cuerpo.

A este tipo de nacimiento se refería Jesús cuando conversaba con Nicodemo y le invitaba a nacer de lo alto, de Dios mismo: «Ἀμὴν ἀμὴν λέγω σοι, ἐὰν μή τις γεννηθῇ ἄνωθεν, οὐ δύναται ἰδεῖν τὴν βασιλείαν τοῦ θεοῦ» (Jn 3, 3), es decir, *en verdad, en verdad te digo: el que no nazca de lo alto no puede ver el Reino de Dios*. Por eso, dice Tomás de Aquino que no solamente debe estar Dios en nosotros, sino nosotros en Dios, porque es Él la verdadera vida y en quien en verdad nacemos. Y es que, como dice Jesús, «τὸ γεγεννημένον ἐκ τοῦ πνεύματος πνεῦμά ἐστιν» (Jn 3, 6), es decir, *lo nacido del Espíritu es espíritu*.

Se puede ver, entonces, que toda la búsqueda sapiencial del cristiano tiene como centro el Espíritu Santo, pues el fin último es nacer en Dios, vivir la filiación divina y disfrutar de la amistad con Él, que es causa de verdadero gozo. La filosofía cristiana es un camino en el que se da algo más que la felicidad, porque lo que acontece es que Dios hace suyo al filósofo que lo busca de corazón hasta el punto de identificarlo con Él. Por eso afirma Tomás de Aquino que «no solo es propio de la amistad que uno, por la unidad del afecto, revele sus secretos al amigo, sino que la misma unidad exige que uno haga participante al amigo de lo que tiene; porque *como el hombre tiene al amigo por otro yo*, menester es que le ayude como a sí mismo, haciéndole partícipe de sus bienes» (S. C. G. IV, 21).

¿Y de qué bienes hace partícipe Dios a sus amigos? De sí mismo, de su propia bienaventuranza. Dios se comunica a sí mismo a aquellos que le aman verdaderamente y los hace suyos, como si fueran Él mismo. Como sugiere Tomás, Dios ve a sus amigos como *otro yo* y esto es lo que nos indica que nos ha creado como *personas*, a semejanza suya. No solamente me convierte en su *prójimo*, sino que uno adquiere la condición de *amigo* en un sentido muy puro y perfecto, porque el que ama profundamente a sus amigos siente que son parte de sí mismo, pues el amor lleva a la unidad de los que son diferentes. Esa es la razón por la que Dios es Amor, porque en Él se da la unidad y la alteridad de las personas sin que haya diferencia en el ser. Padre, Hijo y Espíritu Santo son verdaderamente Uno. Así es como Dios, al hacernos sus amigos, al vernos como *otro yo*, nos hace partícipes de su Unidad en virtud del Espíritu Santo, que es el Amor del Padre y del Hijo. Aquí está el meollo de toda la filosofía cristiana.

Nos encontramos ante la afirmación rotunda de la humanidad de Dios y de la divinidad del hombre. Es lo que se ha llamado *teandrismo cristiano*, que está fundado en la Encarnación del Verbo y, como hemos visto, está estrechamente ligado a la vida de María, que es *Maestra de la vida teándrica*, aquella que tiene su fuente en la intimidad con Dios, en ese diálogo interior y delicado que acontece en lo profundo del corazón, del *nous kardiacós*. Ella, como Madre de Dios, es la que enseña a todos los filósofos cristianos a vivir este misterio en el que nos introduce la sabiduría de la fe, aquel que nos dice que es posible *nacer de nuevo*, *vivir en Dios*, y que el Amor es el fundamento de nuestro ser y de toda nuestra existencia.

Por eso es posible *crecer sin límites*, porque «la caridad de esta vida puede siempre crecer más y más. (…) La caridad misma, por su propia especie, no tiene límite en su crecimiento, dado que es una participación de la infinita caridad, que es el Espíritu Santo. (…) En suma: no se puede señalar término al crecimiento en la caridad en esta vida» (S. T. II-II q. 24, a. 8). Porque quien descubre este Amor se da cuenta de que la verdadera libertad no tiene límite, ya que se mueve y se desarrolla en un ámbito de la realidad tan amplio donde es imposible pensar limitadamente…

EL CORAZÓN
DE LA SABIDURÍA

«Escucha, oh hijo, los preceptos del maestro e inclina el oído de tu corazón» (Prólogo, 1). Con estas palabras comienza san Benito la *Regla* con la que orientó el alma de Europa hacia la vida divina. *Inclina aurem cordis tui*, inclina el oído de tu corazón, es decir, escucha el rumor de Dios en el fondo de ti mismo, parece susurrarnos el padre del monacato occidental. Benito de Nursia puso la mirada en la fuente de la vida verdadera, en el lugar donde puede morar verdaderamente Dios en la criatura. Por eso, invita a sus hijos espirituales a mirar con el corazón y nos dice, citando oportunamente la Epístola a los romanos: «Ya es hora de despertar» (Rm 13, 11). Ya es hora de volver a la verdadera vida y de despertar a la vida del Espíritu.

Las palabras con las que Pablo continúa hablando a los romanos anuncian que la salvación está más cerca y que el final, el *eschaton*, se acelera cuando abrazamos la fe, cuanto más nos entregamos a la vida espiritual. «La noche está avanzada. El día se avecina. Despojémonos, pues, de las obras de las tinieblas y revistámonos de las armas de la luz» (Rm 13, 12). Esto es lo que busca Benito con su *Regla*, ayudar a los cristianos a despertar el corazón y percibir ese *día próximo* en el que ya no habrá noche, pues todo será luminoso. El día en el que se podrá ver «un cielo nuevo y una tierra nueva —porque el primer cielo y la primera tierra desaparecieron» (Ap 21, 11).

Esta es la esperanza con la que vive el cristiano y Benito la convirtió en el centro de toda su existencia. Así, la vida de los monjes es una vida que se adentra en la *noche* que estamos viviendo ahora mismo, en la oscuridad de un mundo que ciertamente *ya no es*, porque lo que en verdad existe es el *mundo futuro*. Esa es la razón por la que hay que *despojarse* de todo aquello que ata al mundo actual, al *mundo primero*, porque, como dice el Apocalipsis, ya ha desaparecido, aunque en apariencia permanezca. El monje que hace suya la *Regla* vive, pacientemente, *el día que se avecina*, es decir, la *vida futura*, que es la aurora de la historia, el amanecer del día en el que acontecerá la Parusía.

Como podemos ver, la vida de la fe es profundamente *escatológica*: el cristiano está constantemente ante el *fin*, el *eschaton*. El creyente se encuentra, en cierto modo, entre dos mundos, el que *ya* ha pasado, que es el aparentemente presente, y el que está *por venir*. Un *porvenir* que se hace presente al acceder a la vida espiritual. Por esa razón decía Tomás de Aquino que el que se da al estudio de la sabiduría anticipa de algún modo la verdadera bienaventuranza, porque vive *ya* el futuro que espera. De esto trata la *Regla*, de cómo organizar la vida de los monjes para que el centro de la misma sea la presencia de lo que tiene que llegar: la contemplación perfecta de Dios[1].

Eso es lo que revela el libro del Apocalipsis, la visión de cómo Dios cumple su promesa y, finalmente, instaura su Reino, haciendo que solamente subsista lo que está unido a Él y se identifica con su bondad. Así, la vida monástica es una vida de contemplación del misterio divino, una *vida despierta* a la realidad espiritual, que es la que en verdad permanece. En cierto modo, es una manera de cumplir lo que pide Pablo a los romanos: «Como en pleno día, procedamos con decoro: nada de comilonas y borracheras; nada de lujurias y desenfrenos; nada de rivalidades y envidias. Revestíos más bien del Señor Jesucristo y no os preocupéis de la carne para satisfacer sus concupiscencias»[2] (Rm 13, 13-14).

Como en pleno día: viviendo la luz futura en el presente, iluminando la oscuridad del día actual, del mundo que, en realidad, ha desaparecido, con la verdad de la fe. Así es como quiere Benito que vivan los monjes siguiendo la *Regla*, con una vida a la luz del día, bajo la mirada de Dios, buscándola y sin esconderse de ella, a diferencia de Adán y Eva cuando

---

[1] Una contemplación que Tomás, como hijo espiritual de san Benito, tendrá como fin de toda su vida y que comprenderá como fin último de la verdadera bienaventuranza. Así, el Aquinate vivió toda su vida con un sentido profundamente escatológico, atento y despierto al encuentro directo con Dios, porque para la vida bienaventurada no se necesita nada más. En eso consiste la sabiduría divina para Tomás, en la contemplación de Dios. Algo que está perfectamente recogido en la *Regla* de la que vivió durante su juventud al ser novicio benedictino.

[2] Una cita que fue la que llevó a Agustín a la conversión de su corazón al leerla tras escuchar esa canción que, con voz infantil, le decía *tolle lege, tolle lege* (toma y lee).

cayeron en el pecado (Gn 3, 9). El monje vive el día en el que no anochece, marcado por ocho horas que simbolizan nu- méricamente la plenitud del día dedicado a Dios. Un horario que es llamado el *tiempo de Dios*, porque es una manera de convertir el tiempo, que en apariencia es lo contrario de la eternidad, en una realidad divina. A su vez, esas ocho horas simbolizan la *nueva creación*, pues el ocho es el número de *lo nuevo*, de la *recreación* y de la *resurrección*.

La vida del monje está inmersa en lo que Benito denomi- nó el *Opus Dei*, es decir, la oración litúrgica y ritual unida al trabajo manual, lo que se conoce como el *ora et labora*, la oración y el trabajo. Porque quien vive *como en pleno día* contempla el mundo futuro y trabaja en él, haciendo que el mundo presente sea fecundado con la semilla del que tiene que venir. De este modo, los monjes, con su vida sencilla y discreta, de trabajo y oración, transforman las realidades ac- tuales llenándolas con la luz de su oración y la fecundidad de su trabajo, sea intelectual o artesanal. Así es como se trans- forma lo cotidiano en algo divino: contemplando el mundo futuro y trabajando con esperanza en el presente, acelerando espiritualmente la llegada del Reino de Dios. Como decía Te- resa de Jesús, «si es en la cocina, entre los pucheros anda el Se- ñor ayudándoos en lo interior y exterior» (*Fundaciones* 5, 8).

Con esa esperanza, aquella que tiene la confianza de que con la plegaria es posible atraer el mundo futuro al presente –«¡Ven, Señor Jesús!» (Ap 22, 20)–, Benito fundó aproxi- madamente en el año 529 d.C., en Montecasino, su primer monasterio. Es un lugar que dedicó a san Juan Bautista, que para él era el modelo de la vida eremítica. Como el Bautista, el escritor de la *Santa Regla* veía su existencia como el *umbral del mundo futuro*, pues los monjes, con su vida contemplativa, viven ante el *porvenir*. Porque el monje testimonia con su vida las palabras del Bautista: «Viene un hombre detrás de mí, que se ha puesto delante de mí, porque existía antes que yo» (Jn 1, 30). Ese hombre, que viene después y está delante, que existe antes que uno mismo porque es eterno, es el mismo Jesucristo, que es el *hombre nuevo*. Ante Él se encuentra el monje y le susurra continuamente: «Dice de ti mi corazón: "Busca su rostro". Sí, Yahveh, tu rostro busco: no me ocultes tu rostro» (Sal 27, 8-9). De este modo, la vida contemplativa tiene como fin la *visión facial de Dios*, que es la plenitud de la vida de gracia. Se trata de una visión que acontece en el corazón, sin mediación de experiencia del mundo, de imagen o de idea y, en consecuencia, trasciende todo conocimiento y todo lenguaje... Así, con su silencio[3], los monjes preparan su corazón para este acontecimiento, que depende exclusivamente de la gracia, y, retirándose del mundo actual, hacen presente el futuro, convirtiendo su vida y, sobre todo, su corazón en un resplandor de la gloria divina.

Siguiendo a Pablo, Benito invita a quienes quieren abrazar el monacato a no endurecer el corazón para poder escuchar a Dios (Hb 3, 15). Pues el corazón es la morada de Dios, es el templo de la vida infinita a la que puede aspirar el ser humano. Un templo que hay que aprender a habitar, en el que hay que aprender a vivir, porque es fácil privarlo de vida y hacerlo inhóspito para Dios y para nosotros mismos. El

---

[3] Como dice Agustín, «calla la voz, grita el corazón» (*Confesiones* X, 2).

monje es aquel que dedica su soledad a cuidar la morada de su corazón para hacerla agradable al Creador. Vive dedicado exclusivamente al cultivo de su intimidad, a ese *intimior intimo meo* del que hablaba Agustín en sus *Confesiones:* lo más íntimo de la propia intimidad, el punto más hondo del ser donde la criatura se encuentra enraizada en su Creador.

En el centro más íntimo es donde el Creador y la criatura pueden ser una sola sustancia. Por esa razón invita Benito a quienes emprenden la vida monástica a lanzarse a ella: «Corred mientras tenéis la luz de la vida, para que no os envuelvan las tinieblas de la muerte» (Jn 12, 35). *Corred* hacia la vida infinita, hacia la luz verdadera, dejando atrás la oscuridad de este mundo que ya ha caducado, que, aunque se presente ante nuestros ojos como estable, ya ha dejado de ser, es *nada.* San Juan de la Cruz dirá siglos más tarde: *nada, nada, nada, nada, nada, nada, y aún en el monte nada.* Porque solamente arriba, en la cima del Carmelo, que para los benedictinos es alegóricamente la cima de Montecasino, después de descalzar las potencias del cuerpo, del alma y del espíritu (de llevarlas a la nada que son), es posible estar ante Dios mismo. Como dice Pablo en la Epístola a los filipenses, hay que olvidar lo que se deja atrás y lanzarse hacia lo que está por delante (Flp 3, 13), expandiéndose y creciendo en Dios mismo, que es la vida verdadera del corazón. El monje benedictino hace suya la *epektasis* que Gregorio de Nisa toma de Pablo y vive con el convencimiento de que Dios es el *crecimiento puro* en el que la libertad no tiene límite alguno y en el que ciertamente *es.*

La vida contemplativa es el *verdadero camino para ser*, en el que se comunica la vida del Creador a la criatura y le hace ser en sí mismo, «pues en él vivimos, nos movemos y existimos» (Hch 17, 28). Esa es la razón por la que Benito insiste en *correr* hacia esta vida, porque «por el progreso de la vida monástica y en la fe, dilatando el corazón, córrese con inenarrable dulzura de caridad» hacia Dios mismo (Prólogo, 49). El escritor de la *Regla* habla de la vida monástica como *vero conversationis*, es decir, como la *verdadera conversación*, que es la que acontece en el silencio de la oración contemplativa del monje. Es así como se conversa íntimamente con Dios mismo y, por ello, se *dilata el corazón*. Eso significa que se *expande el ser* y, como dice Benito, el monje corre y crece en Dios *con inenarrable dulzura de caridad*. Si es voluntad divina, acontece en el corazón la dulzura de la vida divina, la delicadeza de la caridad, que, como ya hemos visto, es la amistad del hombre con Dios. Así es como, fruto de la amistad divina, la persona encuentra su verdadero ser cultivando esta *verdadera conversación*, que es el fin de su vida y el manantial del amor divino.

El contemplativo, dirigiendo su corazón hacia el Verbo, vive *adverbialmente* y se encamina hacia la Sabiduría misma, que consiste en la contemplación de Dios. Esta *vida adverbial*, orientada siempre *hacia el Verbo*, es fuente de la *relación substancial*[4] de la criatura, de su *vida personal*, y se alcanza, como es de esperar, en la relación con Dios, que es la *Vida*

---

[4] Las *relaciones substanciales* son las de las personas divinas. Son aquellas que acontecen en Dios, en la substancia del Padre. Estas *relaciones substanciales* son la del Padre, el Hijo y el Espíritu Santo.

Pura. Así, en el secreto de esa vida íntima crece sin límites en el Amor y en el Ser de Dios, buscando descansar, finalmente, en Él cuando lo alcance en la *vida futura*. De este modo, se vive aquello que expresó magistralmente Agustín cuando dijo en sus *Confesiones* que el corazón permanece inquieto hasta que descansa en Dios.

El fin de la vida contemplativa es que se cumplan las palabras de Pablo: «Ahora vemos como en un espejo, confusamente. Entonces veremos cara a cara. Ahora conozco de un modo imperfecto, pero entonces conoceré como soy conocido» (1 Co 13, 12). La palabra que emplea el Apóstol para expresar la confusión del conocimiento presente, que es el conocimiento que proporciona la fe, es «αἰνίγματι» (*ainígmati*). Es una palabra que viene de «αἴνιγμα» (*aínigma*), que en nuestra lengua es *enigma*. La fe nos da un *conocimiento enigmático* de Dios, uno que hay que saber leer e interpretar. Por eso, ciertamente, el *enigma* que es la fe nos introduce en el *intellectus fidei*, en la interiorización de la Palabra revelada, que es el gran símbolo con el que se conoce, *ahora*, a Dios mismo. Se trata de un *enigma* que alimenta el deseo de conocer verdaderamente a Dios y que purifica el corazón. Pues, visto metafóricamente, el corazón es ese espejo confuso que hay que limpiar con delicadeza para que se proyecte la luz divina con suficiente claridad en él y, así, ilumine nuestra razón para comprender, en la medida de lo posible, a Dios en la vida presente. Por eso, la fe no se opone a la razón[5], sino que

---

[5] Como se dijo en el capítulo anterior, Dios habla a la razón a través del corazón.

satisface los deseos más profundos del corazón y del pensamiento humanos.

Ahora conocemos a Dios imperfectamente gracias a la fe, que nos introduce *enigmáticamente* en su vida, y a la razón, porque investigando el ser creado es posible conocerlo como Primer Principio y Causa Primera de la realidad, como mostró Tomás de Aquino al elaborar sus cinco vías para demostrar la existencia de Dios en la *Suma Teológica*. Tomás, siguiendo la tradición de los Padres de la Iglesia, estaba convencido de estas palabras de Pablo: «Lo invisible de Dios, desde la creación del mundo, se deja ver a la inteligencia a través de sus obras: su poder eterno y su divinidad» (Rm 1, 20). De este modo, el conocimiento del mundo, la ciencia que podemos obtener de él, es una experiencia verdadera de conocimiento de Dios, aunque también imperfecto.

Es adecuado afirmar, en consecuencia, que la fe tiene como fin llevar el pensamiento humano hasta su máxima perfección, porque lo introduce en el enigma por el que, como dice Pablo, *entonces*, es decir, cuando sea posible contemplar a Dios cara a cara (en persona), conocerá sin enigma alguno. Pablo lo expresa así: «ἐπιγνώσομαι καθὼς καὶ ἐπεγνώσθην» (*epignōsomai kathōs kaì epegnōsthēn*). Esto significa que conoceremos de la forma más intensa y perfecta posible, es decir, nos conoceremos según el propio conocimiento de Dios. Se expresa Pablo así para dejar claro que la fe conduce a la plenitud de todo conocimiento: el *enigma* de la fe guarda en sí mismo la promesa del conocimiento perfecto de Dios. Sin embargo, *ahora* solamente podemos saborear este *enigma*, que continuamente nos recuerda la imperfección de nuestro conocimiento de Dios en esta fase de la historia de la salvación.

El estado del conocimiento humano actual es un espejo empañado que emborrona la imagen de Dios en nosotros, a diferencia de la Sabiduría de Dios, que es «un espejo sin mancha» (Sb 7, 26) del pensamiento divino[6]. Podemos afirmar, entonces, que el amor a la sabiduría consiste en aclarar el espejo de nuestro pensamiento para hacerlo más semejante al espejo divino, que es sin mancha y en el que Dios se reconoce perfectamente. Por eso se dice que el Verbo divino es *Imago Patris:* Él es el Pensamiento del Padre, la Imagen que Dios tiene de sí mismo y con la cual se conoce. De ahí que se diga que «ὁ λόγος ἦν πρὸς τὸν θεόν», es decir, *el Verbo era hacia-junto a Dios* (Jn 1, 1) eternamente y por eso el Verbo es Dios mismo. Esto nos ayuda a comprender que, gracias al Verbo Encarnado, es posible tener una imagen verdadera que permite al hombre divinizarse profundizando en la humanidad de Dios. Jesucristo es ese «espejo sin mancha» que Dios ha entregado a los hombres para que tengan la oportunidad de volver a reconocerse en Él: en la mirada del Verbo Encarnado encontramos el reflejo de nuestra verdadera imagen, por eso los monjes dedican su vida a encontrarla...

Esta situación, en la que nuestra imagen es confusa y difiere de la original, Agustín la denomina la *regione dissimilitudinis,* «la región de la desemejanza» (*Confesiones* VII, 16),

---

[6] En el original griego se expresa así: «ἔσοπτρον ἀκηλίδωτον τῆς τοῦ θεοῦ ἐνεργείας». Como puede verse, habla de la *energeia* de Dios, es decir, define el pensamiento divino como lo hace Aristóteles: es acto puro. Es una expresión clara de la asunción de la cultura griega por parte de los judíos en el siglo I a.C.

siguiendo la enseñanza plotiniana y tomando la imagen del hijo pródigo cuando se encuentra en la *regionem longinquam*, en el *país lejano* donde despilfarra su herencia y decide volver a la casa de su padre. Es el país en el que nos encontramos todos aquellos que vivimos aún en el *ahora* paulino, en el *mundo presente*, y en el que solamente podemos saciarnos «con las algarrobas que comían los cerdos» (Lc 15, 16). Por eso, Agustín, como el hijo pródigo, se levanta con la esperanza de volver a casa, donde los jornaleros de su padre tienen pan en abundancia. Pero la promesa de la vida espiritual, del *entonces futuro*, no es meramente el jornal de los trabajadores del padre, sino la recuperación de la condición de hijo. Así, al verlo volver a casa, el padre ordena a sus siervos que le traigan lo mejor a su hijo: «Traed aprisa el mejor vestido y vestidle, ponedle un anillo en su mano y unas sandalias en sus pies. Traed el novillo cebado, matadlo, y comamos y celebremos una fiesta, porque este hijo mío estaba muerto y ha vuelto a la vida; estaba perdido y ha sido hallado» (Lc 15, 22-24). Porque el fin de la vida espiritual es la *fiesta*, es decir, la *verdadera bienaventuranza*. Esa es la razón por la que la vida de los monjes está centrada en el canto: así traen a este mundo la alegría y la belleza del futuro. A través de su canto entra la luz divina en la confusión del *enigma* en el que vivimos y se hace más evidente que Dios está haciendo nuevas todas las cosas (Ap 21, 5).

Podemos ver que la vida contemplativa es el intento continuo de tener siempre presente el fin verdadero del ser humano, que es la contemplación de Dios. Busca estar ante Él, en su presencia, ascendiendo hasta la cima donde vive, sea el

Sinaí, el Carmelo, el Tabor, Montecasino... Lo que está claro es que Dios se manifiesta en lo alto del monte, que es símbolo de su presencia, y es ahí donde quiere habitar el eremita que lo busca, a ejemplo de todos aquellos que lo han escuchado en el silencio de la cima. Por esa razón, no es casual que Jesús escogiera la cima de un monte para predicar sus bienaventuranzas, que son el centro del *macarismo cristiano*. En esta palabra se expresa el núcleo de la fe, que es la bendición y la bienaventuranza. Los «μακάριοι» (*makárioi*) son los *bienaventurados*, los *bendecidos de Dios*. La persona que más los representa es María, pues como dice ella: «ἀπὸ τοῦ νῦν μακαριοῦσίν με πᾶσαι αἱ γενεαί» (Lc 15, 48), es decir, *desde ahora y en adelante me llamarán bienaventurada todas las generaciones*. Como podemos ver, el *ahora* de María (νῦν) es diferente del de Pablo (ἄρτι). Ella vive un *ahora* que está en comunión plena con Dios y su acto de fe es diferente al nuestro. El conocimiento que ella tiene le permite comprender en plenitud las cosas y su contemplación de Dios en esta vida es más perfecta, hasta el punto de que puede conocer en plenitud, proféticamente, toda la historia. Por eso ella es la *makarioúsin*, la que será llamada *Macaria*, bienaventurada, es decir, *Macarena*.

En el *Sermón de la Montaña* encontramos la esencia de la *escatología cristiana*, es decir, del *fin* en el sentido del final de la historia y en el del fin de la vida humana (τέλος), pues ambos coinciden: la visión de Dios. Se identificarán la visión del Creador y de la criatura, y en eso consistirá la *verdadera bienaventuranza*. Sin embargo, en las bienaventuranzas se habla de un *ahora* que hay que comprender y que lleva a transformar el presente de tal forma que, como percibe también Tomás de Aquino, se anticipa la bienaventuranza final.

Los textos de las bienaventuranzas que nos proporcionan Mateo y Lucas expresan el nuevo orden de bienes que supone el Evangelio. Ambos relatos son precedidos por la experiencia de Jesús en el desierto durante cuarenta días, donde es tentado por el diablo. La imagen del desierto ilustra cómo Jesús es el nuevo Moisés que nos ayuda a atravesar el desierto como el pueblo de Israel. En ella encontramos significado el *mundo presente*, que es verdaderamente desértico, y lo que nos ofrece son aparentes bienes que, en realidad, no son tales. En el estado actual de la historia sentimos hambre, necesidad... Todos somos tentados con cosas que creemos que pueden calmar el anhelo que nos consume. Por eso tienta el diablo a Jesús incitándole a manifestar su divinidad y a convertir las piedras en panes (Mt 4, 3), una imagen que anticipa lo que llegará con el pan eucarístico, que es el verdadero alimento espiritual. Lo que busca el diablo es hacerle sentir la flaqueza de su cuerpo y el poder que puede tener sobre el mundo material. Eso es lo propio de la *alquimia*, la tradición que busca transformar la materia para convertirla en lo que uno desea. Pero Jesús le responde citando el Deuteronomio: «No solo de pan vive el hombre, sino de toda palabra que sale de la boca de Dios» (Dt 8, 3). Estas palabras de Moisés empleadas por Jesús confirman la vigencia de la *Torá* y la fidelidad de Dios a la Alianza. Jesús se manifiesta como el verdadero Moisés, como aquel que le inspiró para comunicar el deseo divino al pueblo de Israel. De este modo, en vez de caer en la tentación de mostrar su divinidad, Jesús confirma su humanidad, venciendo al tentador con la Palabra revelada.

El capítulo 8 del Deuteronomio explica que las pruebas padecidas en el desierto por los israelitas son permitidas por Dios para probar el corazón de los que las sufren. Así Jesús se suma a esas pruebas y las vive en su carne respondiendo al diablo con la Palabra de Dios, que es la verdadera fuerza en la flaqueza y la que ordena el corazón en los momentos de fragilidad para llenarlo con lo que de verdad puede saciarlo: la fidelidad a Dios. La carestía material, bien conducida, puede ayudar a encontrar la verdadera fuente del bien, que es inmaterial y tiene su manantial en la vida espiritual, es decir, en la fe. Ese es el mensaje que Moisés transmite a los israelitas y es el que Jesús quiere expresar a quienes quieren seguir su ejemplo. Esta primera tentación en el desierto es una imagen clarísima de la inversión del orden de bienes que propone Jesús en el Evangelio: hay que dejar de preocuparse por los bienes materiales, porque los que de verdad importan son los del espíritu.

La abundancia material es, en este contexto, un problema, porque cuando se disfruta, es posible que «tu corazón se engría entonces y olvides a Yahveh tu Dios, que te sacó del país de Egipto, de la casa de servidumbre» (Dt 8, 14). Con qué facilidad se olvidan las mercedes que uno recibe… Además, también el necesitado que no conoce la libertad espiritual puede venderla y volver a ser esclavo por no soportar la dureza del desierto. Quien confía en que después del desierto llega la verdadera abundancia no busca volver atrás, sino, a pesar del dolor, seguir adelante, porque la promesa futura sacia más que todos los panes que se puedan disfrutar bajo el peso de las cadenas. *Acordarse* de Dios, es decir, *unir nuestro corazón al corazón de Dios*, en tiempo de carestía (también en el de abundancia) es lo que en verdad libera. La Sabiduría es lo que sacia el corazón y, por eso, «todo el oro a su lado es un puñado de arena» (Sb 7, 9). Todo lo que puede ofrecer el *mundo presente* es polvo comparado con lo que ofrece el *mundo futuro*.

Sin embargo, a pesar de que Jesús supera la primera tentación, el diablo se las ingenia para tentarlo una segunda vez y lograr que caiga en la soberbia, que es su principal objetivo. Por eso, lo conduce a lo alto del Templo de Jerusalén y lo tienta citándole la Escritura: «Si eres el Hijo de Dios, tírate abajo, porque está escrito: *A sus ángeles te encomendará, / y te llevarán en sus manos, / para que no tropiece tu pie en piedra alguna*» (Mt 4, 6). El diablo cita aquí el Salmo 91, que es un canto a la confianza en Dios. Quien lo realiza muestra que no teme a nada, porque sabe que Dios está de su parte. La intención del diablo es que quien confía en Dios caiga en la temeridad y la falta de prudencia. Es una tentación de fanatismo, de falta de juicio y, sobre todo, es una manera de intentar forzar la voluntad divina. Parece que el que vive confiado en Dios se cree con derecho a que Dios haga lo que le convenga, olvidando la importancia de vivir «con temor y temblor» (Flp 2, 12), es decir, siendo conscientes del misterio ante el que se vive, que es el mismo Dios. Perder de vista el misterio es una manera de adueñarse de Dios, de querer ocupar su lugar. Como se puede ver, lo que se hace manifiesta es la tentación del Edén: «seréis como dioses» (Gn 3, 5).

El fanatismo es una manera sutil de vivir la *muerte de Dios* y de hacer las veces de Él. Es una de las formas más sibilinas de ateísmo. Por esa razón, Jesús, que conoce las intenciones del diablo, vuelve a contestarle con el Deuteronomio: «También está escrito: *No tentarás al Señor tu Dios*» (Mt 4, 7). De nuevo se sirve de la Palabra revelada y, en concreto, confirma las enseñanzas de Moisés. Aquí el profeta invita a Israel a no buscar otros dioses, los de los pueblos extranjeros. Es curioso que se sirva Jesús de esta cita, porque nos está diciendo que quienes quieren forzar la voluntad de Dios están poniendo en práctica cultos extranjeros. Quien cae en el fanatismo de alguna forma convierte la fe en *magia*, en tener poder sobre lo divino. Por eso, Jesús da el antídoto contra el fanatismo y la falta de juicio, que es la fidelidad a la Escritura, a su estudio y a su cultivo. Así se educan el pensamiento y el corazón, abandonando la tentación de *matar a Dios* y el deseo de que actúe según nuestra voluntad.

Después de tentar a Jesús con el poder sobre la materia y sobre el mundo del espíritu, el diablo le ofrece una tercera tentación, que es dominar el alma de los hombres. Lleva a Jesús a lo alto de un monte, donde le muestra todos los reinos de la tierra. Como se puede ver, le tienta otra vez para que muestre su divinidad, su verdadero poder, al llevarlo a la cima del monte. En lo alto, poniéndole a la altura de un dios, le dice: «Todo esto te daré si te postras y me adoras» (Mt 4, 9). Aquí el diablo está mostrando el precio de los poderes de este mundo, que están supeditados a la adoración de falsos dioses. Se hace evidente la farsa de la oferta, porque es un poder condicionado, un juego de mentiras fundado en la primera de ellas: el diablo desea ser tratado como Dios; todas sus tentaciones, que tienen por objeto hacernos creer que podemos ser como dioses, ocultan la voluntad de someternos a él, que no desea nuestra libertad en modo alguno. Por esa razón, el poder de este mundo es una forma de esclavitud, porque no está fundado en la verdad. Así, Jesús, que conoce al diablo desde el principio, lo desecha finalmente revelando su nombre, que es la manera de hacerle comprender que la verdad es el verdadero poder, porque ella es Dios: «Apártate, Satanás, porque está escrito: "Al Señor tu Dios adorarás, solo a él darás culto"» (Mt 4, 10). En cierto modo, es un acto de exorcismo y, por tanto, una manifestación de que Jesús es verdadero Hijo de Dios. Ciertamente, este pasaje revela que, a pesar de su condición divina, no hace alarde de ella (Flp 2, 6), sino que reconoce siempre que el verdadero poder es del Padre.

Como hemos podido ver, las tentaciones en el desierto tienen por objeto lograr que Jesús renuncie a Dios y busque obtener su poder poniéndose al servicio del diablo. Las tres tentaciones muestran el poder sobre el mundo de la materia, del alma y de lo divino, que está fundado en la mentira y que Jesús refuta con la verdad de la *revelación*. En el desierto se muestra la realidad del *mundo presente*, que está lleno de espejismos que condicionan nuestra vida y nos impiden conocer en profundidad a Dios. Sin embargo, Jesús muestra que la Sagrada Escritura es el camino para seguir a Dios y que quien la conoce en profundidad encuentra la manera de discernir qué es verdadero de lo que no lo es. Así es como nace el *mundo futuro*, con un nuevo orden de bienes, un nuevo *ordo amoris* (orden de amores), como diría Agustín. Realmente, podemos ver que el desierto es un camino de renovación, un renacimiento: «¿No os acordáis de lo pasado, ni caéis en cuenta de lo antiguo? Pues bien, he aquí que yo lo renuevo: ya está en marcha, ¿no lo reconocéis? Sí, pongo en el desierto un camino, senderos en el páramo. (...) Pues pondré agua en el desierto (y ríos en la soledad) para dar de beber a mi pueblo elegido. El pueblo que yo me he formado contará mis alabanzas» (Is 43, 18-20). Las alabanzas de los nuevos bienaventurados...

Continuemos ahora con los textos del *Sermón de la Montaña*. En lo alto de este monte, Jesús sí que se expresa como Dios, pues en él es donde declara quiénes son los *benditos de Dios*, los *bienaventurados*. A diferencia del monte que muestra el diablo, en la cima en la que Jesús bendice a aquellos que son verdaderamente en Dios se invierte el orden de valores. Una inversión que Pablo describe con precisión: «Ha escogido Dios más bien lo necio del mundo, para confundir a los sabios. Y ha escogido Dios lo débil del mundo para confundir lo fuerte. Lo plebeyo y despreciable del mundo ha escogido Dios; lo que no es, para reducir a la nada lo que es» (1 Co 1, 26-28). Dios escoge lo que no es, lo más miserable, para hacer evidente su poder. Por eso entra en este mundo como un recién nacido, en un pesebre, porque «el Hijo del hombre no tiene dónde reclinar la cabeza» (Mt 8, 20). El pesebre es la imagen de todo lo que puede dar el mundo presente y de la disposición que hay que tener hacia los bienes que podemos encontrar en él.

Jesús, que es el verdadero Rey de Israel, no tiene palacio ni guardias, no acapara poder alguno, y su trono es la cima de esa montaña en la que bendice a los que son de Dios, los *bienaventurados*. Una cima que es la imagen de la cátedra de Moisés, en la que se sienta para enseñar el significado auténtico de la Ley. Allí es donde expresa las ocho bienaventuranzas, cuyo número, como ya se ha indicado antes, simboliza la *renovación* y la *recreación* del mundo, la comprensión del *mundo nuevo* y *futuro*. Todas las bienaventuranzas nos hablan, en realidad, de la vida del Mesías, de Jesús, que es el que las vive en plenitud. De este modo, se identifica con todos aquellos que padecen de alguna manera y hace que ellos contemplen el futuro con esperanza.

La primera dice así: «Bienaventurados los pobres de espíritu, porque de ellos es el Reino de los Cielos» (Mt 5, 3). Esta bienaventuranza es el corazón de la sabiduría cristiana. En griego, Mateo habla de los «πτωχοὶ τῷ πνεύματι» *(ptōchoì tôi pneumati)*. La palabra *ptōchoì* en griego significa *mendigos,* y también se sirve de ella Lucas. No se trata únicamente de los pobres que se encuentran en una situación de carestía. Los mendigos, los *ptōchoì*, son los que piden arrodillados y con la mano abierta, esperando que alguien les dé algo. La mendicidad de la que habla Jesús es una mendicidad del *pneuma*, del *espíritu*, es decir, la mendicidad de aquel que sabe que es un necesitado de Dios, un *mendigo de Dios*. ¿Por qué? Porque el mundo actual no puede dárselo en modo alguno y por eso lo busca a Él en exclusiva, sabiéndose totalmente necesitado. Los *mendigos de Dios* saben que viven como el hijo pródigo en este mundo, comiendo en el porquerizo, y por eso buscan volver a la casa de su padre con la esperanza de que les dé algo digno que comer. Lejos de ser una imagen miserable, lo cierto es que es una continuación de lo que le dice Jesús al diablo en el desierto, que no solamente de pan vive el hombre.

La verdadera vida es la espiritual y, por eso, somos mendigos de ella, porque el mundo en el que vivimos le es ajeno. Por esa razón, los *mendigos del espíritu* son también pobres en lo material, porque las cosas materiales no son posesión alguna. Algo que se hace manifiesto en la vida que Jesús, que llega a este mundo sin nada y se va sin nada, muriendo desnudo en la cruz. Lo único que le queda a Jesús en la cruz es su vida interior, su vida contemplativa. Por eso, al final se dirige directamente al Padre: «¡Elí, Elí! ¿lemá sabactani?» (Mt 27, 46). Son las últimas palabras de Jesús antes de entregar su espíritu. Palabras de un hijo que busca a su padre, las de un hombre que ha sido desposeído de todo, hasta de su cuerpo, clavado en la cruz, y que solamente es dueño de su plegaria antes de la muerte, que es la total desposesión de uno mismo. Aunque, en el caso de Jesús, ya sabemos que su muerte es libre, una verdadera entrega, porque, al no estar sometido al pecado, su muerte es un don y no un castigo...

La promesa de esta bienaventuranza es la posesión del mayor bien al que se puede aspirar, que es el Reino de los Cielos, es decir, la vida divina. Quienes viven como *mendigos del espíritu* preparan su corazón para entrar en el lugar donde se dará la verdadera posesión, que es el mismo Dios. Como dijo Teresa de Jesús, que es maestra de los *mendigos del espíritu*, «quien a Dios tiene, nada le falta: solo Dios basta».

La segunda bienaventuranza[7] dice así: «Bienaventurados los mansos, porque ellos poseerán en herencia la tierra» (Mt 5, 4). ¿Quiénes son los mansos? Son los «πραεῖς» (*praeis*), aquellos que no pierden la paz del corazón ante las adversidades. Los que, a pesar de ser atacados, responden con serenidad. En su Primera Carta, Pedro relaciona la mansedumbre con una actitud interior (1 P 3, 4), pues habla de «πραέως πνεύματος» (*praeōs pneumatos*), es decir, de un *espíritu manso*, de una *quietud interior* que no pierde la paz ante lo que puede acontecer más allá de uno mismo. Teresa de Jesús decía aquello de «nada te turbe, nada te espante» haciendo referencia a esto precisamente: quien pone su corazón en Dios, quien comprende que «Dios no se muda», es decir, que Dios no cambia de parecer, sino que se mantiene fiel, encuentra la paz al abandonarse en Él porque es eterno.

Los *mansos* son los que viven abandonados en Dios, confiados en Él. Un abandono que es enteramente contemplativo y que se encuentra, como dice Pedro, en lo «κρυπτὸς τῆς καρδίας» (*kryptos tēs kardias*), en *lo más secreto u oculto del corazón*, es decir, en lo más íntimo de uno mismo, como entendía Agustín. Quien se adentra en las profundidades del corazón, en su *cripta interior*, en lo más secreto (*kryptos*), encuentra la paz, porque ahí se halla Dios mismo. Ese es el camino que propone Teresa en las *Moradas del castillo*

---

[7] En la versión grecolatina es la tercera. En cambio, en la española es la segunda.

interior, aquel que conduce a lo más oculto de nuestra alma y nos muestra sus bellezas, porque verdaderamente somos *imagen de Dios*. En esta obra magistral, la Santa Andariega, aquella que no solamente anduvo por los campos de Castilla, sino por los campos infinitos de la vida espiritual, nos acompaña recorriendo los recovecos del alma y nos alecciona para hacerla, con la ayuda de la gracia, cada vez más semejante a Dios para que Él pueda morar verdaderamente en la criatura. Un camino que conduce a la serenidad y a la paz, a la mansedumbre de Cristo, que es la que hay que imitar: «Aprended de mí, que soy manso y humilde de corazón» (Mt 12, 29).

Este aprendizaje e imitación de Cristo tiene como fruto la promesa de que los mansos «poseerán en herencia la tierra» (Mt 5, 4). Se trata de una referencia a la promesa que le hizo Dios a Abraham: «Toda la tierra que ves te la daré a ti y a tu descendencia por siempre» (Gn 13, 15). La tierra de la que habla Cristo no es un espacio concreto, externo, sino interior: es la tierra espiritual, que es verdaderamente fecunda. Una tierra que tiene como fruto aprender a darle sentido a la tierra material. El auténtico descanso, como enseña Jesús, no consiste en poseer lo exterior, sino en ser dueño del interior. Así la tierra que pisamos se vuelve un espacio habitable, porque siendo poseídos plenamente por el Creador, cualquier rincón de la creación se convierte en un hogar, en un lugar de encuentro con Dios y sus criaturas.

«Bienaventurados los que lloran, porque ellos serán consolados» (Mt 5, 5). La tercera bienaventuranza habla de los «πενθοῦντες» (*penthoûntes*), es decir, los que lloran porque están de luto, los que se lamentan porque la muerte es implacable. Amar en *este mundo* tiene el precio de la finitud. Un precio que hasta el propio Jesús pagó, no solamente con su vida, sino cuando vivió la muerte de su amigo Lázaro. Al encontrarse con las hermanas del difunto en Betania, «Jesús se echó a llorar» (Jn 11, 35). El Dios Encarnado siente en lo profundo de su corazón la muerte de sus amigos. Siente su pérdida, su dolor. Porque la muerte es el mayor mal posible. Además, la muerte de Lázaro era completa: llevaba cuatro días en el sepulcro y su cuerpo ya olía (Mt 11, 39), es decir, toda la vida le había abandonado, todo el hálito divino había desaparecido de su cuerpo. Una imagen que nos muestra que la muerte es la ausencia total de Dios y que el sepulcro es imagen de la oscuridad plena, allí donde la luz divina no puede entrar. Sin embargo, Jesús les dice: «Quitad la piedra» (Mt 11, 39). Y así, mostrando que nada se interpone entre Él y su Palabra, que es la verdadera fuente de vida, le dice al difunto, confirmando su vocación a la Vida: «¡Lázaro, sal fuera!» (Mt 11, 43). Tras pronunciar estas palabras, Lázaro sale del sepulcro como puede, porque está atado y tiene el rostro envuelto en un sudario. Entonces Jesús ordena que lo desaten y que le dejen andar. La escena debió de ser asombrosa, pues es posible que Jesús le quitara el sudario a Lázaro del rostro y, con este gesto, le mostrara su vuelta a la vida: Él es quien verdaderamente corre el velo de la muerte y muestra que Él es auténtica *aletheia*, aquel que *desvela la Vida*. Ante su mirada renace nuestro rostro, porque su memoria, eterna y creadora, es capaz de hacernos de nuevo, de devolvernos a la vida, que es Él mismo. Esa es la razón por la que los que lloran serán consolados, es decir, «παρακληθήσονται» (*paraklēthḗsontai*), recibirán la acción del Παράκλητος (*Paráklētos*), del Paráclito, el Consolador. Esto significa que recibirán el aliento del Creador, que es el Espíritu Santo, la misma Vida de Dios. La voz de Jesús diciéndonos «¡sal fuera!» tras pronunciar nuestro nombre es la llamada a la vida auténtica, aquella que no tiene término, porque el Resucitado es quien ha vencido a la muerte y el que puede *consolarnos*, porque llegará el momento en el que «no habrá muerte ni habrá llanto ni gritos ni fatigas, porque el mundo viejo ha pasado» (Ap 21, 4).

«Bienaventurados los que tienen hambre y sed de justicia,' porque ellos serán saciados» (Mt 5, 6). ¿Qué quiere decir esta bienaventuranza? ¿Qué significa *justicia*? ¿Está relacionada con esa virtud que se refiere a dar a cada uno lo suyo? Algo tiene que ver. La «δικαιοσύνη» (*dikaiosýnē*) de la que habla Jesús se refiere a la relación justa con Dios. Ser *justo* significa *amar a Dios como merece*. Por eso, cabe tener *hambre y sed de justicia*, porque se tiene *hambre y sed de Dios*. Quienes tienen ese anhelo juzgan las cosas con la medida adecuada, aquella que pone Dios mismo y el conocimiento que los justos tienen de Él. *Justicia* significa *poner a Dios en el centro del corazón*. Cuando Dios lo habita, todo encuentra su justa medida, todo se ama rectamente, porque lo verdaderamente amable es Dios mismo y todo lo demás tiene la importancia que cabe en comparación con Él.

Para comprender mejor qué es la justicia, tal y como se habla de ella en la Sagrada Escritura, es oportuno acercarnos a la figura de José. Mateo dice de José que «era justo» (Mt 1, 19). En griego lo expresa diciendo «δίκαιος ὤν» (*díkaios ōn*), dando a entender que la justicia es una cualidad del *ser* de José y que era un hombre que tenía a Dios en el corazón. José habitaba en Dios, vivía en Él, y por eso es capaz de juzgar con delicadeza la situación de María, que está encinta sin que haya habitado con él. José decide «no ponerla en evidencia», o sea, a pesar de que él duda de la palabra de María, toma la decisión de «repudiarla en secreto» porque está buscando esclarecer la verdad de la situación. Podemos pensar que José estaba meditando el testimonio de María en su corazón, preguntándole a Dios si realmente era obra suya el embarazo de su esposa y, finalmente, obtuvo respuesta: Dios respondió a la inquietud de su corazón, porque los justos «serán saciados» (Mt 5, 6). La profundidad de su deseo de Dios era tan honda que pudo hablar con Él en sueños y obtuvo la respuesta que estaba buscando: la verdad se halla, muchas veces, en lo más escondido, allí donde nuestra inteligencia no puede llegar, y solo en la intimidad más recóndita del corazón puede Dios hablarnos, cuando no le ponemos obstáculos con nuestros pensamientos. El lenguaje divino es muchas veces misterioso, *enigmático*, y hay que saber leerlo. Por eso, José, a ejemplo del patriarca, que también leía los sueños, busca hasta en la tiniebla del sueño la respuesta a sus preguntas.

El *justo* es capaz de ver a Dios en todas las cosas… Es Jesús quien tiene esa mirada con la que encuentra respuesta a las preguntas del corazón: «Aprended de los lirios del campo» (Mt 6, 28). En cada detalle de la creación puede encontrarse la presencia del Creador si, con una mirada sencilla y confiada, nos atrevemos a ver la belleza que ha quedado impresa en todas las cosas. Una belleza que asombró al propio Dios cuando, al contemplarla, *vio que era bello*. ¿Cómo debió de mirar José a María al despertar de su sueño, al darse cuenta de que el Hijo de Dios habitaba en su casa, en el seno de su matrimonio? No podemos dudar de que debió de quedar sobrecogido por la belleza que le había sido concedida, porque él iba a contemplar a Dios crecer en su casa con más cercanía que el mismo Moisés. ¿Con qué sonrisa debió de acoger María a su esposo al darse cuenta de que Dios le había ayudado a comprender la verdad de sus palabras? No conocemos qué conversación tuvieron, pero podemos imaginar la ternura de sus miradas y de sus sonrisas. Sobre todo, la alegría de José debió de ser desbordante cuando comprendió que se había casado con la mujer con el corazón más bello de la historia, un corazón capaz de encarnar a Dios mismo y de hacerlo entrar en nuestro mundo. Quizá por eso no conservamos ningún testimonio de José, porque la presencia de Dios en su vida fue tan inmensa que sus palabras no podían hacer justicia al don inconmensurable que le fue entregado y guardó un profundo silencio. Sin duda, podemos pensar que su anhelo de Dios fue saciado en esta vida y que vivió la *verdadera bienaventuranza* como ningún hombre la ha vivido a lo largo de la historia de la salvación. Él supo en todo momento quiénes eran María y Jesús y su casa se convirtió, con toda certeza, en el Reino de los Cielos. Además, José, como padre adoptivo de Jesús, es imagen de Dios Padre en esta tierra, pues adoptando al Verbo Encarnado como hijo suyo nos indica el camino para seguir los pasos del Hijo de Dios y nos ayuda a comprender que los hijos adoptivos somos hijos plenamente: del mismo modo que Jesús vivió en la casa de José, nosotros podemos vivir en la Casa del Padre como hijos suyos. La paternidad y la filiación son, como podemos ver, formas de conocimiento de Dios por semejanza.

La siguiente bienaventuranza acerca a quienes la viven a una semejanza con el Creador sobrecogedora. En cierto sentido, lleva a conocer vivamente el corazón de Dios al vivir como Él vive. «Bienaventurados los misericordiosos, porque ellos alcanzarán misericordia» (Mt 5, 7). Los «ἐλεήμονες» (*eleēmones*) son aquellos que se compadecen de los demás y, por ello, serán objeto de la compasión divina, es decir, «ἐλεηθήσονται» (*eleēthḗsontai*). Porque «cuanto hicisteis a uno de estos hermanos míos más pequeños, a mí me lo hicisteis» (Mt 25, 40). Jesús invita a ver a quienes necesitan consuelo como a Él mismo. Podemos decir que así es porque el Crucificado es digno de misericordia. El Verbo Encarnado se hace digno de toda misericordia al volverse el más necesitado de todos. Sea como un niño en un pesebre perseguido por el poder o como un condenado a muerte injustamente, el Hijo de Dios vive la miseria humana más cruel. Por eso, Él recuerda a todos los que se compadecen de su dolor, que, a fin de cuentas, es el de todos los que sufren en esta vida, y los llama a la bienaventuranza: «Venid, benditos de mi Padre, recibid la herencia del Reino preparado para vosotros desde la creación del mundo. Porque tuve hambre, y me disteis de comer; tuve sed, y me disteis de beber; era forastero, y me acogisteis; estaba desnudo, y me vestisteis; enfermo, y me visitasteis; en la cárcel, y vinisteis a verme» (Mt 25, 34-36).

Quienes viven misericordiosamente conocen lo que se oculta en el misterio de la creación del mundo: el corazón del Padre siente en lo más profundo de sí el dolor de sus hijos, por eso la promesa del Reino late en todos aquellos que viven la misericordia, porque viven al compás de los latidos del corazón divino y anticipan, de algún modo, el Reino de los Cielos en esta vida. La misericordia es el tejido del corazón de Dios: al sentir la miseria de la criatura, quiere elevarla hasta su corazón para restaurarla en Él mismo. La etimología latina de esta palabra significa precisamente eso: *miser-cordis*, sentir en el corazón la miseria del otro y, además, sacarlo de la misma. Quienes viven así sienten como Dios siente las cosas: «Tened entre vosotros los mismos sentimientos que tuvo Cristo» (Flp 2, 5). Esa es la razón por la que el buen samaritano es el que, siendo extranjero, vive en plenitud la ley mosaica, porque el sentido pleno de toda la ley es la misericordia.

Llegamos ahora a la bienaventuranza que más tiene que ver con nuestras reflexiones sobre la vida más alta que puede esperar el ser humano. Dice así: «Bienaventurados los limpios de corazón, porque ellos verán a Dios» (Mt 5, 8). Aquí encontramos el núcleo de la promesa de la fe cristiana y el fin de la filosofía: la visión de Dios, en la que el ver de la criatura y el del Creador serán el mismo. El verbo empleado por Mateo para expresar la visión de Dios es «ὁράω» (*horáō*). Está hablando de una visión que no es contemplación, *theorein*, sino una *visión directa*, un conocimiento sin mediación de ideas, palabras o imágenes, y, por decirlo de alguna manera, sin *confusión*, sin *enigma*. Eso significa que cabe conocer directamente a Dios, trascendiendo, incluso, el conocimiento por fe. Se trata de un deseo que tuvo el mismo Moisés, quien le pidió a Dios ver su gloria (Ex 33, 18), y no le fue concedido, porque «no puede verme el hombre y seguir viviendo» (Ex 33, 20). En el Antiguo Testamento, la visión de Dios era imposible –«mi rostro no se puede ver» (Ex 33, 23)– y, sin embargo, Jesús, desde lo alto del monte de las bienaventuranzas, introduce un cambio más que significativo: ver a Dios cara a cara es el fruto y la promesa de la Nueva Alianza.

La nueva vida del hombre, aquella fundada en la verdad de Jesucristo, es ver a Dios. Antes no se podía vivir si se contemplaba el rostro de Dios. Tras la Encarnación, no se puede vivir sin contemplarlo, porque la vida de Dios es la vida del hombre gracias al propio Jesús: el Hijo es aquel que está siendo eternamente ante el Padre. Quienes descubren quién es Jesús caen en la cuenta de la grandeza del momento que están viviendo, porque se encuentran ante la manifestación de una realidad que ni el mismo Moisés pudo contemplar. Con Jesús comienza el tiempo de la plenitud de la revelación de Dios y Él es el camino para contemplar, finalmente, el rostro del Padre: «El que me ha visto a mí, ha visto al Padre» (Jn 14, 9).

Con esta bienaventuranza, Jesús quiere invitar a todos a conocerle a Él plenamente, porque quien le conoce contempla al mismo Dios. Sin embargo, ¿qué pasa con aquellos que no hemos podido conocerle directamente en esta vida? ¿Qué podemos hacer los que no hemos sido contemporáneos suyos, es decir, coetáneos de los Apóstoles? ¿Podemos, acaso, disfrutar de la visión de Dios que Él promete? Ciertamente, es posible, pero bajo la forma de la esperanza. Ahora mismo, esa promesa va precedida por la *limpieza del corazón*. Los «καθαροὶ τῇ καρδίᾳ» (*katharoi tē kardía*) son los que tienen un *corazón purificado*, *limpio*, y son ellos los que podrán ver a Dios cara a cara. En este momento de la historia, en nuestro *ahora*, aquel del que habla Pablo, podemos prepararnos para la *visión* que llegará *entonces*, en el *mundo futuro*. Ahora hay que preparar el corazón, hay que cuidarlo para que pueda ser habitado por Dios. Por esa razón, como vimos antes, Benito invita a sus monjes a *correr* en este cuidado interior, porque no sabemos cuándo puede volver Jesús: «Cuando el Hijo del hombre venga, ¿encontrará fe sobre la tierra?» (Lc 18, 8). Cuando venga de nuevo el Mesías, ¿encontrará corazones puros que puedan reconocerlo? ¿Cuántos lo esperarán contemplativamente?

La *limpieza de corazón* expresa la *vida escatológica* del cristiano. Es un anticipo de lo que vendrá. Gracias a la vida de la fe, acontece *ahora* una transformación interior que trae al presente el *entonces futuro*. Esta *vida escatológica* está fundada en la *vida contemplativa* y, como hemos visto, no es en modo alguno una actitud pasiva, sino activa. El contemplativo es un *mendigo del espíritu* que extiende su mano hacia Dios para recibir de Él todos los bienes espirituales. En el gesto de extender la mano se encuentran presentes todas las potencias del alma, tanto la inteligencia como la voluntad, que no buscan más que a Dios mismo. Por eso, cuando el corazón está enteramente limpio, puede pedir plenamente, porque no está *confundido* con ninguna cosa más que Dios. El conocimiento de la fe purifica, así, tanto la inteligencia como la voluntad. Esa es la razón por la que Tomás de Aquino considera que no puede haber *verdadera bienaventuranza* sin *rectitud de la voluntad*.

En el artículo 4 de la cuestión 4 del *Tratado de la bienaventuranza* se pregunta Tomás de Aquino si es un requisito de la bienaventuranza la rectitud de la voluntad. Se sirve para ello de la bienaventuranza que estamos comentando y su respuesta es que es necesaria tanto antecedente como concomitantemente. Es necesario que la voluntad antecedentemente esté ordenada a Dios como fin último para que pueda darse la bienaventuranza. Si no deseamos a Dios, si no lo amamos, la bienaventuranza no llegará, como se puede suponer. Por tanto, en este camino hacia la bienaventuranza, en el que la inteligencia y la voluntad son ordenadas hacia Dios gracias a la fe, es necesario el concurso de la libertad, del libre albedrío. El fin último, que es Dios, a pesar de estar dado como tal a todos los hombres por naturaleza, debe ser aceptado por nosotros y, en consecuencia, sin libertad no puede haber bienaventuranza. La antecedencia de la voluntad significa que la libertad está presente en todo momento. Dios no se impone, porque no se puede conocer algo que no se ama libremente. En este sentido, Tomás afirma que hay actos de la voluntad que son anteriores a los actos del entendimiento. Afirma esto porque, al parecer, la voluntad tiende y se anticipa al fin último, lo alcanza antes que el entendimiento mismo, y disfruta de la bienaventuranza antes de que acontezca la visión de Dios. En este *disfrute* es donde encontramos la *limpieza de corazón*.

El *gozo de Dios* llega antes que la *visión de Dios*. Aquí es donde encontramos la antecedencia de la voluntad respecto de la inteligencia. Porque «nosotros hemos conocido el amor que Dios nos tiene» (1 Jn 4, 16), *ahora*, gracias a la fe, disfrutamos del *amor de Dios*, «pero *entonces* conoceré como soy conocido» (1 Co 13, 12). En esta vida se requiere la aceptación constante del amor de Dios, *amar libremente su amor*. Este es el motivo por el cual la voluntad es concomitante, porque para la consecución del fin último, que es la *verdadera bienaventuranza* y que consiste en la visión plena de Dios, es necesaria la simultaneidad de la inteligencia y de la voluntad: ambas facultades, cognoscitiva y volitiva, tienen que darse a la vez, pues el conocimiento y el amor se identifican finalmente en la criatura, mientras que en Dios son uno solo. Sin embargo, como en esta vida no se da el conocimiento perfecto de Dios, *ahora* es posible que el amor sea más perfecto que el conocimiento y, en consecuencia, hay actos de la voluntad que anteceden a los de la inteligencia, como afirma Tomás de Aquino. Esa es la razón por la que podemos amar a Dios con plenitud en esta vida sin conocerlo perfectamente. Al amarlo en profundidad traemos el fin último, el *eschaton*, al presente y la inteligencia es perfeccionada, en este caso, por la voluntad gracias al *gozo de Dios*, que anticipa la *visión de Dios* que acontecerá al final. Es como si disfrutáramos al saber que la persona que amamos está a punto de llegar y, sin que esté presente, ya somos felices porque sabemos que la vamos a ver. Una imagen que es útil para expresar la felicidad de la vida de la fe, de la *vida escatológica:* quienes tienen un *corazón limpio*, los que ponen la vista libremente en la *bienaventuranza final* en esta vida, se anticipan al fin, disfrutan *ahora* de lo que *vendrá*, porque saben *sapiencialmente* que *verán a Dios*.

La bienaventuranza que sigue puede decirse que es consecuencia de la anterior. «Bienaventurados los que buscan la paz, porque ellos serán llamados hijos de Dios» (Mt 5, 9). La paz es resultado del descanso que produce alcanzar aquello que se ama. Cuando el corazón descansa en Dios, se vuelve pacífico y busca la paz a su alrededor, la construye. Por eso, Mateo emplea la palabra «εἰρηνοποιοί» (*eirēnopoioí*), los «hacedores de la "irene"» (paz). Los que buscan la paz son aquellos que han encontrado a Dios, los que conocen cómo el corazón encuentra su quietud en Él. Esa paz del corazón es fruto de la vida del espíritu, de la *vida contemplativa*, que se comunica a todos los demás aspectos de la vida de cada uno. Así es como se identifica a aquellos que viven en Cristo: «El Paráclito, el Espíritu Santo, que el Padre enviará en mi nombre, os lo enseñará todo y os recordará todo lo que yo os he dicho. Os dejo la paz, os doy mi paz» (Jn 14, 26-27). Dios es sinónimo de paz y, al comunicar su vida íntima, que es el Espíritu Santo, hace que la paz reine en todos aquellos que la buscan y la aceptan. Así, los que la aman son identificados como *hijos de Dios*, como «υἱοὶ θεοῦ» (*huioì theoû*): son aquellos que viven verdaderamente en Él y comunican con su vida la divina. La paz es, por tanto, una seña de identidad del que cree en Cristo, porque Él es el camino para encontrar a Dios plenamente, es decir, para vivir, anticipadamente, el descanso auténtico, la *paz escatológica:* «Yo seré Dios para él, y él será hijo para mí» (Ap 21, 7).

La promesa final es que, como se dice en el Padrenuestro, la voluntad de Dios será en la Tierra y en el Cielo. Quienes la anhelan viven un anticipo de la paz que reinará entonces:

Y vi la Ciudad Santa, la nueva Jerusalén, que bajaba del cielo, de junto a Dios, engalanada como una novia ataviada para su esposo. Y oí una fuerte voz que decía desde el trono: «Esta es la morada de Dios con los hombres. Pondrá *su morada entre ellos y ellos serán* su *pueblo* y él, *Dios-con-ellos*, será su Dios. Y *enjugará toda lágrima de sus ojos*, y no habrá muerte ni habrá llanto, ni gritos ni fatigas, porque el mundo viejo ha pasado» (Ap 21, 2-4).

Buscar la paz significa *anhelar la paz final* y consiste en la construcción del Reino de los Cielos en la tierra, que es obra divina. Sabemos, por revelación, que ese anhelo es legítimo, pues es una promesa hecha por Dios. La *Ciudad Santa* de la que habla el Apocalipsis será terrena, porque «la ciudad es un cuadrado» (Ap 21, 16), que es símbolo de la tierra. Si el círculo es el símbolo de lo celeste y lo divino, el cuadrado es de lo terrestre[8]. Si lo santo es cuadrado, eso significa que Dios llenará toda la creación: «Nadie hará daño, nadie hará mal en todo mi santo Monte, porque la tierra estará llena del conocimiento de Yahvéh, como cubren las aguas el mar» (Is 11, 9).

Al final de los tiempos conoceremos el conocimiento de Dios (1 Co 13, 12), pero ahora solamente conocemos el amor que Dios nos tiene (1 Jn 4, 16). Así, en este momento de la historia participamos de esa paz final gracias a la Eucaristía,

---

[8] La búsqueda simbólica de la *cuadratura del círculo* significa la unión del cielo y de la tierra, la síntesis de lo divino y lo terreno. Si, como revela el Apocalipsis, la cuadratura del círculo se da en la Ciudad Santa, dicha obra es estrictamente divina y no corresponde al hombre ejecutarla. Por eso, es obra exclusiva de Jesucristo.

que es el sacrificio del Cordero, la *realidad escatológica* por antonomasia, y se presenta ante nuestros ojos, en palabras de Tomás de Aquino, como *latens deitas*, como *Dios escondido*. La Misa es la fuente de la paz y es el verdadero alimento de los hijos de Dios: «El que come mi carne y bebe mi sangre, tiene vida eterna, y yo lo resucitaré en el último día» (Jn 6, 54). Quienes viven la Eucaristía participan en la construcción de la *Ciudad Santa* en la tierra, porque es *la liturgia del último día*. Es la realidad que subsistirá al final de los tiempos, en el *mundo futuro:* es la puerta de entrada a la realidad definitiva que viviremos en el «mundo nuevo» (Ap 21, 5), que se nos ofrece como «el pan bajado del cielo», y quien «coma este pan vivirá para siempre» (Jn 6, 58).

Llegamos, por fin, a la última bienaventuranza, que tiene el carácter de una profecía y que identifica a todos aquellos que siguen a Jesús con Él, pues dice así: «Bienaventurados los perseguidos por causa de la justicia, porque de ellos es el Reino de los Cielos» (Mt 5, 10). La *causa de la justicia* es la *fidelidad a Jesucristo*. Quienes son fieles a pesar de ser perseguidos injustamente participan activamente en el Reino de los Cielos porque se identifican con Cristo: «Estos siguen al Cordero donde quiera que vaya, y han sido rescatados de entre los hombres como *primicias para Dios* y para el Cordero, y *en su boca no se encontró mentira:* no tienen tacha» (Ap 14, 4). Quienes siguen al Cordero a todas partes son aquellos que se han entregado a la vida del Espíritu y por eso «cantan un cántico nuevo» (Ap 14, 3), el canto de la vida espiritual, que es la fuente de la *vida nueva:* «El que no nazca de agua y de Espíritu no puede entrar en el Reino de Dios» (Jn 3, 5).

De este modo, la vida espiritual, que es una vida novedosa y que se rige por un orden de bienes diferente al estado actual de las cosas, el del *mundo presente*, es causa de persecución, porque anuncia la vacuidad que vivimos actualmente y que «el mundo viejo ha pasado» (Ap 21, 4).

Por esa razón es perseguido Jesús y acaba siendo crucificado, porque la vida que él propone «no es de este mundo» (Jn 19, 36), sino que es del «mundo nuevo» (Ap 21, 5). La *vida futura* provoca rechazo en quienes se satisfacen en este mundo, porque hay que renunciar a unos bienes que les impiden ver la riqueza de lo que vendrá. Quienes aceptan la propuesta de Jesús serán perseguidos como Él. Sin embargo, les dice: «Bienaventurados seréis cuando os injurien, os persigan y digan con mentira toda clase de mal contra vosotros por mi causa. Alegraos y regocijaos, porque vuestra recompensa será grande en los cielos, que de la misma manera persiguieron a los profetas anteriores a vosotros» (Mt 5, 11). Estas palabras confirman que la alegría de la vida espiritual se debe a la presencia de la recompensa en el corazón de quienes confían en sus palabras.

La *vida bienaventurada* comienza *ahora* porque la *bendición* de Jesús es activa, se dirige a aquellos que padecen persecución por Él, a aquellos que ponen en práctica sus palabras:

> Amad a vuestros enemigos y rogad por los que os persiguen, para que seáis hijos de vuestro Padre celestial, que hace salir su sol sobre malos y buenos, y llover sobre justos e injustos. Porque si amáis a los que os aman, ¿qué recompensa vais a tener? ¿No hacen lo

mismo también los publicanos? Y si no saludáis más que a vuestros hermanos, ¿qué hacéis de particular? ¿No hacen eso mismo también los gentiles? Vosotros, pues, sed perfectos como es perfecto vuestro Padre celestial» (Mt 5, 43).

Así, quienes imitan el amor de Jesús y lo ponen en práctica en toda circunstancia hacen presente el Reino de los Cielos.

La cuestión que tenemos que resolver, entonces, es encontrar el camino adecuado para imitar el amor de Jesús. Por eso, llegados a este punto, vamos a servirnos directamente de las enseñanzas de Tomás de Aquino, quien, siguiendo a sus antecesores, comprendió que el camino adecuado para imitar a Cristo se encuentra en la *vida contemplativa*, que es la vida que Él mismo practicó mientras «puso su Morada entre nosotros» (Jn 1, 14). Jesús subía «al monte a solas para orar» (Mt 14, 23). Una práctica que sus seguidores imitaron y que san Benito quiso plasmar en su *Regla*, aquella con la que Tomás se educó cuando fue novicio benedictino. El corazón de Tomás estuvo, desde su adolescencia, inmerso en la oración contemplativa y por eso era connatural para él pensar que el conocimiento de la vida divina consistía en esta práctica. En la cima de Montecasino, Tomás comprendió que el fin de la vida humana consiste en contemplar a Dios, en esperar pacientemente la *visión de Dios*.

La *visión divina* es la vida misma de las criaturas intelectivas, como somos nosotros y los ángeles. Es el fin de la *vida contemplativa*. Pero ¿qué es la vida? Según Tomás de Aquino, «se llama vida a la operación misma del viviente» (S.T. I-II q. 3, a. 2 ad 1). Y si la vida es la operación misma del viviente, ¿por qué el fin de la vida humana es la *visión de Dios*? Precisamente, porque su vida no puede ser otra que la vida divina cuando Dios opera en él. Esto significa que Dios comunica o transmite su misma vida a la criatura personal, a cada uno de nosotros, cuando la buscamos y la aceptamos sinceramente, con plena libertad. El camino de la vida contemplativa tiene esta peculiaridad: los seres intelectivos son libres y, por ello, su fin último debe ser aceptado por ellos mismos. Por eso, el *telos*, el *fin* de la vida humana tiene como principio la libertad de la persona. Eso significa que el fin, a pesar de estar dado por la naturaleza, es adquirido por los hábitos que desarrolla cada persona. La vida contemplativa es algo que hay que adquirir y, sobre todo, aceptar: el fin último propio del ser humano es algo a lo que hay que habituarse. Para morar en Dios hay que demorarse, habitarse. Por eso, los hábitos son esos espacios interiores que conocemos que nos permiten habitarnos, hacernos nuestros para preparar una morada agradable al Creador. Son la manera de preparar la bienaventuranza.

Tomás de Aquino considera que aquella operación que es satisfactoria para el hombre, aquella que es *deleitosa*, es su verdadera vida. En latín lo expresa de esta manera: «Illa operatio quae est homini delectabilis, et ad quam inclinatur, et in qua conversatur, et ordinat vitam suam ad ipsam, dicitur vita hominis» (S. T. I q. 18, a. 2 ad 2). Es decir, aquella operación que es deleitable para el hombre, y a la cual se inclina, y en la cual está habituado a vivir y que ordena toda su vida, se dice que es la vida del hombre. Esto significa que el ser humano ordena su vida hacia aquello que le da deleite o felicidad, que le da gozo, y por esa razón obra siempre en función del bien que conoce, que es la fuente de su vida.

Así, el deleite, el gozo que puede vivir el ser humano, depende de aquello a lo que decida dedicarse, de aquello en lo que decida poner el corazón. Ese es el motivo por el que Tomás afirma que solamente quienes tienen el gusto más refinado son capaces de degustar la dulzura más agradable. Los que tienen el afecto bien dispuesto están capacitados para desear el bien más perfecto como fin último, a saber, aquellos que aman la Sabiduría, que es la verdadera fuente de gozo. La bienaventuranza está, para nuestro autor, en lo que domina el afecto del hombre, y ese es el motivo por el que afirma que no nos la pueden descubrir los estúpidos, aquellos que solamente desean aquello que se puede conseguir con el dinero, sino los sabios, porque son como aquellos que tienen el gusto bien dispuesto para saborear los alimentos. No en vano se sirve Tomás de este ejemplo, porque en latín *saber* se dice *sapere*, que significa tanto *conocer* como *saborear*.

La bienaventuranza es aquello que *se saborea sapiencialmente*. El sabio es aquel que tiene el gusto bien dispuesto, un paladar refinado para distinguir el *sabor de la sabiduría*, aquello que es *deleitable*, *gozoso*. Lo cual puede llevarnos a preguntarnos: ¿dónde encontró Tomás su gozo? ¿Qué ocupó su corazón a lo largo de su vida? ¿A qué se habituó para afirmar que la bienaventuranza «non potest causari a notitia humana», es decir, no puede ser causada por el conocimiento humano? ¿Está más allá de él? Lo que quiere expresar Tomás es que uno mismo no puede ser causa de su gozo y que el conocimiento humano en sí mismo no da la felicidad, porque no es pleno nunca y, en consecuencia, no se consuma en el estado presente de la historia.

La felicidad no es resultado del obrar humano, sea intelectual o práctico. Está más allá de él. Entonces, ¿qué valor tiene dedicar toda la vida a la búsqueda de la verdad, a su estudio, a la satisfacción del anhelo más profundo del hombre, que es conocer? ¿No dice Tomás, también, que alcanzamos la felicidad conociendo y amando a Dios? Efectivamente, así es. Pero este conocimiento no es nuestro en modo alguno, sino que «dependet, sicut ex causa, ex cognitione Dei» (S. T. I-II q. 2, a. 3 co), es decir, que depende, como si procediera de su causa, del conocimiento de Dios. Cuando dice que la bienaventuranza es *ex cognitione Dei,* está afirmando que procede del conocimiento propio de Dios, del que tiene Él de sí mismo. Es una comunicación divina, porque Dios hace partícipe a la criatura de su propia bienaventuranza. Dios opera bienaventuradamente en la criatura comunicándole su vida, trasmitiéndosela, y por ello es, verdaderamente, algo de los *benditos de Dios.*

Cuando Tomás dice que la bienaventuranza es una operación, se refiere a ella como la operación de la vida divina, que *opera* en la criatura cuando se dedica a la vida contemplativa. Por eso cree Tomás que la bienaventuranza, como *vida divina*, nos trasciende, es exterior a nosotros, y, sin embargo, se da en nosotros: es *vida humana* como *vida contemplativa.* Si Tomás afirma esto, es porque su corazón estaba totalmente embebido de Dios, se habituó a tenerlo continuamente ante sí, siguiendo el consejo de san Benito en su *Regla,* cuando invitaba a sus monjes a imitar a san Juan Bautista, aquel que sabía que vivía en el umbral de una vida y de un mundo que estaba más allá de él. Por eso, Tomás entiende la *vida contemplativa* como *vida escatológica*, porque «ex gloria quae est apud Deum, dependet beatitudo hominis sicut ex causa sua» (S. T. I-II q. 2, a. 3 co), es decir, que la bienaventuranza del hombre depende de la gloria que está ante Dios como si fuera su causa.

La *verdadera bienaventuranza* consiste en disfrutar de la gloria de Dios. Una experiencia que no se da en esta vida, pero hacia la que podemos predisponernos *ahora* para disfrutar de ella *entonces*, cuando, como entiende Pablo, conozcamos según el conocimiento de Dios. En este sentido, Tomás no se separa ni un ápice de la enseñanza paulina y nos introduce en el misterio de la bienaventuranza cristiana, que se funda en la vivencia auténtica de la humanidad de Dios: «Vivo, pero no yo, sino que es Cristo quien vive en mí» (Ga 2, 20). Imitando la humanidad de Cristo, nos introducimos enigmáticamente en la divinidad de Dios, y la fuente de su humanidad es la comunión plena con el Padre, que Jesucristo cultivaba a solas, cuando se retiraba a la montaña a orar. En este gesto encontramos el umbral del Reino de los Cielos, el corazón de la sabiduría cristiana: cuando nos orientarnos la vida hacia lo alto, hacia la cima del monte, porque es allí donde se manifiesta la gloria de Dios.

Toda la vida de Tomás estuvo orientada hacia esa cima interior, íntima, donde los limpios de corazón podrán ver a Dios. Como en esta vida no se alcanza la perfección del conocimiento, que es el conocimiento *de* Dios (el de Él) y *ahora* solamente podemos *amarlo*, dedicarnos a la *filosofía*, a *amar la Sabiduría*, a *esperarla*, a *contemplarla*, que es la fuente de la vida verdadera, Tomás nos invita a habituarnos a la *vida contemplativa*. Una vida que anticipa, de algún modo, la bienaventuranza final predisponiéndonos a ella.

Ahora podemos comprender, con más claridad, por qué Tomás afirma que «el hombre, en la medida en la que se da al estudio de la sabiduría, posee ya, de alguna forma, la verdadera bienaventuranza» (S. C. G. I, 2), porque guarda en su corazón el Amor que se adelanta a todo lo que vendrá... En esta vida, el amor es más perfecto que el conocimiento, porque, en ausencia de la presencia de Dios, amándolo, el corazón lo hace presente de alguna manera y se adelanta, *corriendo*, hacia Él. En esto consiste la *vida filosófica*, en correr, pacientemente, hacia Dios mismo, viviendo en el umbral de la *vida futura*. Una vida que Tomás de Aquino anticipó con delicadeza y paciencia, saboreando toda la sabiduría que pudo mientras peregrinó en esta tierra...

UN MONTÓN DE PAJA

Si fuéramos coherentes con el título del presente capítulo, estas palabras serían las últimas de este libro... Sin embargo, no podemos quedarnos callados y, a pesar de que pueda intimidarnos escribir sobre ello, vamos a adentrarnos aún más en el fin de la vida de Tomás de Aquino. En ese fin que guardó en su corazón y que orientó toda su existencia hasta que dejó este mundo. Dado que vamos a asomarnos a un corazón que tocó literalmente la vida infinita, nos llenamos de temor. Porque ¿quién es capaz de hablar de aquello que supera nuestro entendimiento? A lo largo de estas páginas nos hemos ido aproximando a tientas a nuestro autor, intentando comprender esa sabiduría que «se anticipa a darse a conocer a los que la anhelan» (Sb 6, 13) y que él saboreó abundantemente en esta vida.

A decir verdad, el anhelo es tan profundo que el entendimiento carece de todo concepto o palabra para adentrarse en el misterio del corazón de los *mendigos del espíritu*. Dios se da a conocer en el anhelo y, por eso, en esta vida se anticipa como el disfrute de un amor que mueve nuestro conocer hacia aquello que desconocemos, que es Él mismo. Así vivió Tomás de Aquino, quien devoró y saboreó pacientemente todo lo que la sabiduría humana puede conocer por sí misma y dejó su corazón preparado para el encuentro definitivo con Dios. Toda su vida estuvo orientada hacia Él y cada fibra de su ser estaba en tensión porque siempre buscó la manera de hallar el descanso definitivo en la dulzura del amor divino.

Toda su búsqueda filosófica en esta vida culminó la mañana del 6 de diciembre de 1273, cuando celebraba la Santa Misa en memoria de san Nicolás en una capilla dedicada a este santo, en la iglesia de San Michele Arcangelo a Morfisa, que se encontraba en Nápoles. En este antiguo monasterio benedictino, que hoy es el convento de San Domenico Maggiore, Tomás encontró el descanso de su corazón. Quienes le vieron celebrar la Misa observaron un gran cambio en él. Su secretario, fray Reginaldo de Piperno, fue testigo de que Tomás «fuit mira mutatione commotus», es decir, que *quedó conmovido por una transformación maravillosa*. Qué acaeció en su corazón, lo desconocemos. Pero desde ese momento Tomás de Aquino ya no fue el mismo. Toda su inquietud intelectual se vio detenida y, según Reginaldo, «et post ipsam missam nunquam scripsit neque dictavit aliquid, immo suspendit organa scriptionis». Esto significa que después de esa Misa no volvió a escribir ni a dictar nada y que dejó de usar los instrumentos de escritura. Tal fue la *transformación maravillosa* de su corazón.

El *scriptorium* en el que Tomás había escrito y dictado gran parte de sus obras, que aún hoy constituyen un *corpus* colosal, quedó vacío desde aquella mañana de diciembre de

1273. La tinta ya no daría forma a los pensamientos de nuestro autor y los pergaminos preparados para concluir la *Suma Teológica* quedaron en blanco, dejando su obra inconclusa. Reginaldo no daba crédito a lo que estaba pasando y observó que su hermano dominico abandonó el proyecto teológico que había emprendido sin dar ninguna explicación. Después de *esa* Misa, Tomás vivió recogido en sí mismo y guardó más silencio que en su juventud, cuando sus compañeros de pupitre lo apodaron como *el buey mudo*. Las palabras de su maestro, Alberto Magno, fueron ciertas, y su voz se escuchó en toda la Cristiandad hasta nuestros días. Pero aquella mañana se silenció, porque Tomás, que había recorrido todas las sendas de la sabiduría, se encontró en la cima del saber al contemplar con los ojos del corazón el resplandor del pan eucarístico. Toda su vida filosófica culminó ante ese pedazo de pan, que se presenta ante nuestros ojos humildemente y que, en realidad, esconde toda la vida que podemos esperar.

Como dice Tomás en el Adoro te devote, ante ese pan *se equivocan la vista, el tacto, el gusto* y *basta el oído para creer con firmeza*. Solamente tenemos el testimonio de Reginaldo, que fue quien escuchó a su hermano dominico hablar tras ese acontecimiento extraordinario y maravilloso. La delicadeza y la sensibilidad del corazón de Tomás debían de ser muy finas para que a sus casi cincuenta años se llenara de un asombro solamente comparable al de los niños. En sus manos de sacerdote se le reveló el misterio de todo lo que tiene que venir y ese pan que sostuvo en la consagración se transformó en un sol tan resplandeciente que quedó deslumbrado por la sublimidad de la sabiduría divina escondida en él. El *velo eucarístico* desapareció ante sus ojos y en las yemas de sus dedos se reveló la Vida del Cordero. Todo lo que había conocido hasta ese momento gracias a la fe quedó en suspenso, porque ese conocimiento ya no era necesario ante la nueva luz que inundó su corazón. Tomás se quedó sin palabras porque ese *nuevo conocimiento* que se mostró a través del pan posee un lenguaje diferente, único, que trasciende todas las palabras que podemos pronunciar en esta vida: la lengua de la *vida futura* deja en suspenso todo el conocimiento presente y habla de una realidad que supera nuestro entendimiento. Una realidad que ahora se presenta ante nosotros *escondida* y *latente* en el pan y el vino, pero que al final resplandecerán ante nuestros ojos, sacándonos de nuestra ignorancia. Así se sintió Tomás meses antes de abandonar esta vida, cuando aquella mañana la Eucaristía brilló ante sus ojos: ignorante, asombrado, pequeño.

Al ver a su hermano en ese estado, Reginaldo, que le había ayudado a redactar algunas de las obras más importantes de la historia de la teología cristiana, no comprendía su silencio y le preguntó: «Padre, ¿cómo habéis dejado de escribir una obra tan grande, con la que queríais alabar a Dios e iluminar a todo el mundo?». No tenemos detalles de la reacción de Tomás al escuchar esa pregunta, pero podemos imaginar que sus ojos estarían llenos de ternura, vidriosos, y que con una sonrisa le contestó: «Reginaldo, no puedo». El teólogo más prolífico de la Cristiandad se volvió incapaz de continuar su obra y su secretario, al escuchar su respuesta, se llenó de preocupación. A su parecer, la contestación de Tomás se debía al agotamiento por todo el trabajo realizado y temió que hubiese caído en algún tipo de enfermedad o demencia (*amentia*), es decir, que hubiese perdido la mente o el juicio. Por ese motivo, no dejó de intentar que su hermano continuara su obra y le repetía constantemente la pregunta todos los días tras esa mañana. A lo que Tomás siempre le contestaba: «Reginaldo, no puedo, todo lo que he escrito me parece un montón de paja».

El teólogo más importante de la historia del cristianismo occidental afirmó al final de su vida que su obra no tenía valor para él: ante su mirada, que quedó transformada por esa Misa, era *un montón de paja*. Podemos comprender la preocupación de Reginaldo cuando Tomás le contestaba una y otra vez lo mismo mientras su escritorio iba quedando abandonado. El lugar desde el que su hermano había dado forma a algunas de las páginas más fecundas del pensamiento europeo estaba vacío porque su mente, al parecer, se quedó como una *tabula rasa* tras la experiencia mística que tuvo. Reginaldo testimonia que la primera vez que escuchó la respuesta de Tomás se quedó estupefacto. Fue como un golpe para él comprender que la mente del hombre al que había acompañado durante tanto tiempo se había quedado como la de un niño que está pronunciando sus primeras palabras.

Los últimos meses de la vida de Tomás transcurrieron así, casi en silencio, porque su mente ya no discurría con el lenguaje propio de este mundo. En estas condiciones fue a visitar, tras su experiencia mística, a su hermana Teodora, que era condesa de san Severino, quien lo recibió en su residencia de invierno, a las afueras de Salerno. Él estaba especialmente unido a su hermana y la amaba con entrañable cariño. A pesar de ello, cuando lo recibió, se acercó a ella con dificultad, algo que preocupó a Teodora. Nunca había visto a su hermano en ese estado. Apenas le dirigió palabra. Estaba absorto. Al verlo así, habló con Reginaldo y le preguntó qué le ocurría. Era la primera vez que lo veía «stupefactus» (*estupefacto*), paralizado, como si algo lo hubiese sacudido. Aquel hombre corpulento, robusto, cuya talla imponía a todos, había sido abatido. Lo que ni ella ni el secretario imaginaban era que Tomás había sido atravesado por el rayo de la luz divina y que su mente se había quedado en blanco al contemplar, sin velo, la realidad de la Eucaristía.

Reginaldo comunicó a Teodora su preocupación, porque desde la fiesta de San Nicolás, su hermano se encontraba así, sin escribir nada y embriagado por su experiencia mística. Es probable que el fraile y la condesa conversaran buscando la manera de sacar a Tomás de su estado meditabundo, pero todos sus esfuerzos fueron en vano, porque él se fue recogiendo más y más en sí mismo, atendiendo más a las realidades futuras que a las presentes. Puede que, durante su estancia en Salerno, Tomás tuviera la oportunidad de dialogar con su hermana y que ella le pidiera que le contara lo que había pasado en aquella Misa tan misteriosa. Pero Tomás no le reveló nada de lo que pasó aquella mañana. Estuvo, al parecer, más acertado Reginaldo, quien pudo hacerle hablar del asunto un poco. Se ve que un día en el que su hermano dominico estaba más atento a sus demandas cedió y acabó confesando algo. Así, Tomás le dijo: «Júrame, por el Dios vivo y omnipotente, por la fidelidad que profesas a nuestra Orden y por la caridad que te une a mí, que no revelarás a nadie lo que voy a contarte mientras yo siga vivo». No podemos dudar de la seriedad con la que Tomás debió de mirar a Reginaldo al hablarle así. Era perfectamente consciente de lo que estaba haciendo y la severidad de sus palabras manifiesta que su mente estaba clara. En modo alguno era la petición de alguien que ha perdido el juicio y su secretario debió de darse cuenta de ello al mirarle a los ojos. Puede que solamente asintiera con la cabeza o que su rostro expresara de alguna forma un sí rotundo. Al ver el rostro atento de su amigo, Tomás continuó diciendo: «Todo lo que he escrito me parece un montón de paja en comparación con lo que he visto y me ha sido revelado». Desconocemos la reacción que tuvo Reginaldo al escuchar estas palabras. Lo que está claro es que Tomás mantuvo firme su criterio sobre su obra y que, por fin, expresó claramente que tuvo una *revelación privada*. Tomás *vio* y *conoció* algo que solamente le fue comunicado a él. Qué fue, nunca lo expresó. De lo que no podemos dudar es del testimonio de Reginaldo, quien bajo juramento prometió a su amigo no contar lo que escuchó hasta la muerte de Tomás, que acaeció unos dos meses después.

Lo que sabemos es que es probable que Teodora escuchara las palabras de su hermano y que quedara desolada. Puede que, para la mentalidad de su familia, que siempre había visto en él a un gran eclesiástico con una carrera exitosa, las palabras de Tomás no fueran comprendidas. ¿Para qué dedicó tantos años de su vida al estudio y a la enseñanza en la universidad? ¿Cómo era posible que toda su obra, que era una de las más monumentales escritas hasta ese momento, no tuviera ningún valor para su autor? ¿No comprendía Tomás

el descrédito que podía provocar para su familia el hecho
de que se conociera que al final de su vida había decidido
abandonar su trabajo teológico por una experiencia mística?
¿Qué sería de los D'Aquino? ¿No fue suficiente para Tomás
renunciar a su carrera en la Orden Benedictina en su juventud? ¿Ahora también iba a renunciar a toda su labor acadé-
mica a estas alturas de su vida? ¿Habría perdido realmente el
juicio? Estas y otras preguntas pudieron estar en el corazón
de Teodora, quien siempre había amado a su hermano y lo
había apoyado en todas sus decisiones. Pero esta experiencia nueva y esta actitud superaron su comprensión. También
la nuestra, que está sometida a los criterios de este mundo.
La explicación más fácil para comprender el comportamien-
to de Tomás la encontramos en algún tipo de demencia o
en que sufrió una afección neurológica. Es lo que nuestra
mentalidad cientificista nos da: una cerrazón ante la realidad
sobrenatural. Somos incapaces de pensar que Tomás tuviera
verdadera vida espiritual porque nos es totalmente extraña…

Lo que todavía no comprendemos es que Tomás estaba
haciendo totalmente suyo el Evangelio: «El Reino de los Cielos es semejante a un tesoro escondido en un campo que, al
encontrarlo un hombre, lo vuelve a esconder y, por la alegría
que le da, va y vende todo lo que tiene y compra el campo
aquel» (Mt 13, 44). Ese tesoro enterrado en el campo que
encontró Tomás es el *Dios escondido* en la Eucaristía, que es
la verdadera sabiduría, aquella que «se anticipa a darse a conocer a los que la anhelan» (Sb 6, 13). Tomás vendió su trabajo, que ante nuestros ojos es una obra maestra, porque su
mirada fue deslumbrada por una luz eterna, radiante, pura,

que limpia todo aquello que toca, y que nosotros no podemos percibir porque nuestros sentidos se confunden ante el resplandor eucarístico. Todo el *mundo futuro* está en ella, porque *la Eucaristía es todo lo que seremos* cuando seamos transformados al final de los tiempos. El pan transustanciado hace presente la *realidad futura* que viviremos. Quien descubre esto cae en la cuenta del tesoro maravilloso que tenemos ante nuestros ojos y que, discretamente, está transformando el mundo. La Eucaristía es la realidad que continuará existiendo en el *mundo nuevo* porque ella ya lo es. Cuando todo haya pasado, la Eucaristía permanecerá. Por eso, vale la pena olvidarse de todo lo que queda atrás y lanzarse a lo que está por delante (Flp 3, 13), hacia el verdadero futuro, que es el pan eucarístico. Ante la Eucaristía, todo es un montón de paja.

La Eucaristía es la Sabiduría que adelanta lo que está por delante, la promesa de todo lo que podemos esperar. Es el mundo que disfrutaremos *entonces* y que se nos da *ahora*. Gracias a ella, nuestra espera se hace más llevadera, porque el pan eucarístico es la prueba de que la promesa de Cristo es cierta: «Mira que hago un mundo nuevo» (Ap 21, 5). Ese mundo nuevo no podemos reconocerlo ahora, porque, otra vez, Dios ha escogido lo más humilde para confundirnos y ha decidido que el Reino de Dios comience bajo las especies del pan y del vino. La obra del Nuevo Adán es darnos el fruto del Nuevo Árbol de la Vida en el que Él fue crucificado. Un fruto que se renueva en cada liturgia eucarística y que no somos capaces de ver porque los ojos del corazón están ciegos, porque nuestro entendimiento está cegado por todo lo que conocemos ahora mismo. Hace falta un *conocimiento nuevo* para comprender lo que viene. Un conocimiento que ahora no es accesible y que solamente podemos aceptar, confusamente, por la fe. Puede que, por ello, Tomás se quedara en silencio, porque la belleza de lo que tenemos ante nosotros es tan inmensa que deberíamos dejar que el silencio purifique nuestra alma y nuestro espíritu para comenzar a escuchar, con los oídos del corazón, el canto eterno que los coros celestiales brindan al pan eucarístico.

Parece que los oídos de Tomás estaban atentos a ese canto los últimos meses de su vida. Podemos pensar que su silencio se debía a ello: estaba embriagado por la belleza que se le había revelado. No sabemos si habló con su hermana al verla tan desolada. Lo que cuenta Reginaldo es que poco después volvió a Nápoles antes de enero de 1274, cuando el papa Gregorio X lo convocó para participar en el Concilio de Lyon. Cita a la que no pudo corresponder, porque en el camino, paulatinamente, fue abandonando esta vida hasta que el 7 de marzo murió en el Abadía Cisterciense de Fossanova. Su corazón ya no pertenecía a este mundo, sino al futuro. Quizá, como Teresa de Jesús, Tomás suspiraba por su Amor y, en silencio, cantaba aquello de «Vivo sin vivir en mí, / y tan alta vida espero, / que muero porque no muero».

El corazón de aquellos que son totalmente poseídos por el amor de Cristo (Ga 2, 20) les hace vivir a destiempo, eternamente, anhelando anticipadamente el mundo en el que el conocimiento de Dios lo inundará todo, en el que viviremos totalmente *transverberados*, atravesados por el Verbo divino. Dejaremos de vivir adverbialmente y seremos, al final, uno con el Verbo, porque ese es su deseo: «Que sean uno como nosotros somos uno: y el mundo conozca que tú me has enviado y que yo les he amado a ellos como tú me has amado a mí» (Jn 17, 22-23). Por eso, la Eucaristía es todo lo que seremos, porque es el anticipo de la *transfiguración final*. Alimentarnos con ella es la manera de vivir el fin, el *eschaton*, y de anticipar la *verdadera bienaventuranza*. Por eso podemos decir que el fin de los tiempos será una Misa, la definitiva, aquella en la no será necesario santuario alguno, «porque el Señor, Dios Todopoderoso, y el Cordero, es su Santuario» (Ap 21, 22). Quizá esto es lo que vio Tomás. No lo podemos saber. Pero lo que sí que sabemos es que desde *esa* Misa su corazón *vivió sin vivir en él*, lleno con la luz de la vida futura: «Su lámpara es el Cordero» (Ap 21, 23) y es la luz de la sabiduría definitiva.

Quien encontró palabras para hablar de esta *vida transverberada* fue Teresa de Jesús, quien en su *Libro de la Vida* describió su experiencia mística de esta manera, hablando del querubín que atravesaba su corazón con un dardo encendido por el amor divino:

> Veíale en las manos un dardo de oro largo, y al fin del hierro me parecía tener un poco de fuego. Este me parecía meter por el corazón algunas veces y que me llegaba a las entrañas. Al sacarle, me parecía las llevaba consigo, y me dejaba toda abrasada en amor grande de Dios. Era tan grande el dolor, que me hacía dar aquellos quejidos, y tan excesiva la suavidad que me pone este grandísimo dolor, que no hay desear que se quite, ni se contenta el alma con menos que Dios. No es dolor corporal, sino espiritual, aunque no deja de participar

el cuerpo algo, y aun harto. Es un requiebro tan suave que pasa entre el alma y Dios, que suplico yo a su bondad lo dé a gustar a quien pensare que miento (*Libro de la Vida* XXIX, 13).

Teresa de Jesús habla del *dolor de Amor*, del anhelo profundo de los *mendigos del espíritu*, de aquellos que han sido tocados por un amor que trasciende todo entendimiento (Ef 3, 19). Se trata de un amor que parece que nos lleva consigo, hacia delante, y nos hace dejar atrás todo lo que no es él mismo. Ante este Amor, todo es *un montón de paja* y «todo el oro a su lado es un puñado de arena» (Sb 7, 9). Este Amor *es* el pan eucarístico y *confunde* todo lo que podemos conocer actualmente. Se nos presenta *enigmáticamente* y nos invita a descalzarnos, a desnudar las potencias de nuestra alma, la inteligencia y la voluntad, para acoger, con humildad, el misterio que nuestros ojos contemplan como un simple pedazo de pan. Un misterio ante el que el corazón de Tomás se rindió: *Tibi se cor meum totum subiicit.*

Ahora podemos preguntarnos si el silencio de Tomás tiene una explicación teológica, si esa reducción a la nada de su obra puede ser explicada desde la Sagrada Escritura. Quizá pueda servirnos Pablo de Tarso, quien en la Segunda Epístola a los Corintios habla de una experiencia parecida a la de Tomás, que era la suya. Dice Pablo, hablando de sí mismo, que tiene conocimiento «de un hombre de Cristo, el cual hace catorce años –si en el cuerpo o fuera del cuerpo no lo sé, Dios lo sabe– fue arrebatado hasta el tercer cielo. Y sé que este hombre –en el cuerpo o fuera del cuerpo no lo sé, Dios lo sabe– fue arrebatado al paraíso y oyó palabras inefables que el hombre no puede pronunciar» (2 Co 12, 2-4). Como podemos ver, Pablo afirma que hay un *lenguaje arcano* en el paraíso futuro compuesto por *palabras inefables*. Un lenguaje que nosotros no podemos comprender, siquiera escuchar. Quienes escuchan esas palabras parecen unos enajenados ante los que las desconocen y por eso solamente pueden guardar silencio, porque *no las pueden pronunciar*.

Es normal que Tomás fuera tenido por un demente al final de su vida, porque el mismo Pablo dice de sí mismo: «¡Vedme aquí hecho un loco!» (2 Co 12, 11). ¿Acaso no dijeron lo mismo de Cristo? ¿No querían detenerlo porque creían que había perdido la cabeza? (Mc 3, 21). Eso se debe a que la locura de Dios «es más sabia que la sabiduría de los hombres» (1 Co 1, 25). Por eso, esta *locura* que viven los que son atravesados por el Amor es incomprensible para aquellos que lo desconocen, porque la mente de estos *locos* discurre con *palabras inefables:* «no con palabras aprendidas de la sabiduría humana, sino aprendidas del Espíritu» (1 Co 2, 13). Las palabras propias del Padre y del Hijo, de la vida íntima de las personas trinitarias.

Este lenguaje, que es, en realidad, el lenguaje del amor, el del *Logos* que es *ágape*, es el mismo conocimiento de Dios y su bienaventuranza. Quienes son tocados por este *logos amoroso* se expanden sin límites en el Corazón de Dios, que es la verdadera morada a la que tenemos que llegar: «Pondrá *su morada entre ellos*» (Ap 21, 3). Por esa razón, por ese *Logos*, el amor es nuestra verdadera sustancia: es en el amor donde nuestro ser tiene entidad, consistencia, donde se da nuestra subsistencia, nuestra *relación substancial*. Si Dios es

Amor, si el *Logos* es *ágape*, todo lo que no es amor dejará de ser. Y «aunque hablara las lenguas de los hombres y de los ángeles, si no tengo caridad, soy como el bronce que suena o en címbalo que retiñe. Aunque tuviera el don de profecía, y conociera todos los misterios y toda la ciencia; aunque tuviera plenitud de fe como para trasladar montañas, si no tengo caridad, nada soy. Aunque repartiera todos mis bienes, y entregara mi cuerpo a las llamas, si no tengo caridad, nada me aprovecha» (1 Co 13, 1-3). Todo el conocimiento, sin amor, es nada, porque sin amor no puede haber verdad. Lo que da consistencia al conocimiento, lo que hace que la verdad sea *verdadera*, es que la verdad sea *amorosa:* «La ciencia hincha, el amor, en cambio, edifica. Si alguien cree conocer algo, aún no lo conoce como se debe conocer. Mas si uno ama a Dios, ese es conocido por él» (1 Co 8, 1-3). El verdadero conocimiento comienza cuando nos dejamos amar por Dios. Su amor es el principio y el fin de nuestro conocer, de nuestra *vida verdadera*.

Por eso, podemos decir que, aunque conociera toda la Sagrada Escritura, si no tengo la Eucaristía, nada soy. Sin la Eucaristía no podemos vivir en Dios: «Si no coméis la carne del Hijo del hombre, y no bebéis mi sangre, no tenéis vida en vosotros. El que come mi carne y bebe mi sangre, tiene vida eterna, y yo le resucitaré en el último día. Porque mi carne es verdadera comida y mi sangre, verdadera bebida. El que come mi carne y bebe mi sangre, permanece en mí, y yo en él» (Jn 6, 54-56). La verdadera fuente de la vida divina, la auténtica humanidad de Dios que diviniza al hombre, está en el pan eucarístico: en él se esconde toda la *vida filosófica* que podemos alcanzar, la *vida eterna*, la *vida de Dios*.

Al final de los tiempos, subsistirá aquello que haya permanecido en el amor divino, aquello que se haya unido a la Eucaristía. Es el camino para *permanecer* en Dios, para *subsistir* en Él. Es la *verdadera fuente* del Amor, aquella de la que nace «el río de agua de Vida, brillante como el cristal» y que tiene su origen en el «trono de Dios y del Cordero» (Ap 22, 1). Gracias a esta agua, «no habrá ya muerte ni habrá llanto ni gritos ni fatigas, porque el mundo viejo ha pasado» (Ap 21, 4). Este río que nace de la Eucaristía se desbordará en algún momento, cuando sea voluntad del Padre, e inundará toda la creación, sacando a flote todo aquello que haya permanecido en el Amor. Esa es la razón por la que no podemos dejar de saciarnos con este pan que oculta toda la vida divina ante nuestra mirada, desde el que el *Dios escondido* dice: «el que tenga sed, que se acerque, y el que quiera, reciba gratuitamente agua de vida» (Ap 22, 17).

Toda esta vida infinita que se entrega *gratuitamente* a nosotros es accesible porque Dios se entrega como alimento, como aquello que es más cercano y cotidiano para nosotros. El Dios invisible se nos da haciéndonos comprender que su vida se vuelve nuestra en la necesidad más sencilla, en el alimento más básico y que ha saciado el hambre de la humanidad desde que comenzó a ser dueña de la tierra: un pedazo de pan. Dios se esconde en el fruto de la tierra y en el esfuerzo de nuestro trabajo, aquel que aún realizamos «con fatiga» (Gn 3, 17) y que, sin embargo, ahora puede ser transformado por su amor. El que todo lo restaura, porque es una fuerza renovadora, como el alimento que revive el cuerpo fatigado por el trabajo y le devuelve la energía que ha gastado en él. Dios se convierte en alimento porque conoce perfectamente la fatiga del *mundo presente*, porque él también fue tentado en el desierto y tuvo el deseo de convertir las piedras en panes cuando se encontraba en extrema necesidad. Y como conoce perfectamente nuestro anhelo profundo de amor, nos da el amor más puro dándose a Él mismo como el alimento que no solamente sacia el cuerpo, sino el espíritu, porque es el manjar del *mundo futuro*.

Eso es lo que *late* en la Eucaristía y, gracias a ella, nuestro corazón «todo lo excusa. Todo lo cree. Todo lo espera. Todo lo soporta» (1 Co 13, 7), porque sabemos que, si Dios nos confunde ahora mismo con un signo tan humilde, tan discreto y tan cotidiano, puede que el Reino de los Cielos esté ante nuestra mirada y nuestro conocimiento, carente de amor, nos vuelva ignorantes, porque «la sabiduría de este mundo es necedad a los ojos de Dios» (1 Co 3, 18). La sabiduría que no esté fundada en el amor desaparecerá, pero «la caridad no acaba nunca. Desaparecerán las profecías. Cesarán las lenguas. Desaparecerá la ciencia. Porque imperfecta es nuestra ciencia e imperfecta, nuestra profecía. Cuando venga lo perfecto, desaparecerá lo imperfecto» (1 Co 13, 8-10).

Esa es la razón por la cual solo es perfecto lo que permanece en el amor, y todo lo que no esté fundado en él desaparecerá. En esta vida, el amor es más perfecto que el conocimiento y podemos pensar que solo el conocimiento que esté fundado en el amor no desaparecerá cuando venga lo perfecto. Por eso, dice Tomás de Aquino lo siguiente:

«ad perfectionem amoris sufficit quod res prout in se apprehenditur, ametur. Ob hoc ergo contingit quod aliquid plus amatur quam cognoscatur, quia potest perfecte amari, etiam si non perfecte cognoscatur», que significa que *para la perfección del amor baste que se ame la cosa según se aprehende en sí misma. Por esta razón, pues, sucede que una cosa es más amada que conocida porque puede ser amada perfectamente, aunque no sea perfectamente conocida* (S. T. I-II q. 27, a. 2 ad 2). Tomás dice esto para referirse al conocimiento del amor de Dios. En esta vida tenemos conocimiento del amor divino. No conocemos su conocer, es decir, el conocimiento perfecto. Ese es el motivo por el cual lo perfecto en esta vida es el amor, no el conocimiento, porque el conocimiento perfecto vendrá *al final, escatológicamente.*

Ahora, gracias al amor que Dios nos tiene, el amor puede ser perfecto. Lo que tenemos que hacer es *correr hacia el Amor dejando atrás todo lo que no es Él.* Porque lo verdaderamente perfecto es el amor mismo, que es lo que hace que nuestro conocimiento imperfecto pueda ser perfeccionado *finalmente*. Pablo dice que llegará un momento en el que «desaparecerá la ciencia», pero también sabemos que el amor «no acabará nunca». Así, quienes pongan el amor como fuente del conocimiento en esta vida, quienes pongan su mirada en la Eucaristía y la conviertan en el centro de su búsqueda sapiencial, recogerán un conocimiento fundado en el mismo Cristo, que no cesará al final de los tiempos. Porque sabemos que «el que no recoge conmigo, desparrama» (Mt 12, 30).

Al final de los tiempos solo subsistirá la sabiduría de la Eucaristía que, como dice Tomás, *puede ser amada perfectamente, aunque no sea perfectamente conocida.* Quizá estas palabras estuvieron presentes en su corazón toda su vida y, al final, cuando en *esa* Misa se le reveló el misterio eucarístico, comprendió, por su propia experiencia, que el amor es el verdadero acceso al conocimiento del Corazón de Dios. En sus manos sacerdotales tomaron vida las palabras del salmista, que afirma que el hombre de manos inocentes y puro corazón puede subir al Monte del Señor (Sal 24, 3-4). El altar en el que celebró la Misa se le mostró tal cual es: la cima del monte donde se encuentra el Cordero, que es la lámpara de la gloria de Dios (Ap 21, 23). Una lámpara que brilló ardientemente ante sus ojos, en los que desde entonces quedó impresa la luz divina y fueron atrapados por ella.

El resplandor de Dios lo dejó sin palabras. Sin embargo, el silencio de Tomás fue el gran grito de su corazón, porque «calla la voz, grita el corazón» (*Confesiones* X, 2). Un grito que, en verdad, es un canto suave. Aquel que entonó Tomás cuando, durante sus últimos días en esta vida, dictó su última lección de teología: un pequeño comentario al Cantar de cantares a los monjes cistercienses de Fossanova, quienes, casi proféticamente, intuyeron que el santo de Aquino estaba embriagado por el Amor eterno antes de que descansara en Él definitivamente y le rogaron que se lo explicara. El hecho de que Tomás dedicara sus últimas energías a comentar el Cantar no deja de ser, por decirlo de alguna manera, romántico. Manifiesta que solamente tenía palabras para hablar del Amor, pues de eso trata este poema que la tradición atribuye a Salomón y que expresa la síntesis de toda la Sabiduría: Dios anhela el encuentro con nuestra alma con la misma fuerza que un amante desea a su amada.

La Sagrada Escritura lo deja claro: la verdadera imagen de la Sabiduría la encontramos en el amor esponsal, que es símbolo auténtico del amor divino. Por eso dice: «Ven, que te voy a enseñar a la Novia» (Ap 21, 9). Es la promesa de la novia perfecta, aquella que Dios ha creado para que podamos decir, como Adán: «Esta sí que es hueso de mis huesos y carne de mi carne» (Gn 2, 23). Novia que, en realidad, es la Iglesia y que se nos entrega en la Eucaristía, que es el fundamento de todo amor, la fuente verdadera del gozo más profundo que puede sentir el corazón que anhela a Dios con todas sus fuerzas: el fuego ardiente que no quema, la delicia que convierte en polvo todo lo que podamos degustar en esta vida.

La Eucaristía es el Amor que convierte en *un montón de paja* todos los amores que son comparados con ella. Ella es la Novia verdadera de nuestro corazón y la que merece todo nuestro cantar. El mismo cantar que, suspirando, le brindó Tomás cuando entregó el corazón a Dios en aquella abadía cisterciense donde los hijos de san Benito le pidieron que les instruyera en el Amor que lo tuvo cautivo toda su vida. Ese amor que, como dice Teresa de Jesús, le lleva a uno a preguntarse: «Un alma en Dios escondida / ¿qué tiene que desear / sino amar y más amar / y en amor toda escondida / tornarte de nuevo a amar?». Porque es un amor que, cuando más se profundiza en él, más deleite se encuentra y solamente se desea disfrutar más y más en él, creciendo sin límites con él.

Quien se deleita con este amor canta a viva voz como la Esposa —«¡Que me bese con los besos de su boca!» (Ct 1, 2)–, porque la belleza divina despierta una pasión incomparable cuando el corazón siente el calor de Dios y anda en busca de Aquel que con sus labios ha dejado abierta una llaga que derrama continuamente ardor y frescura. El Cantar cuenta la historia de dos amantes que se buscan para yacer juntos y amarse por fin. Una historia que es la historia de cada uno con Dios y que revela que nuestro ser se sostiene en el anhelo que Dios siente por nosotros. Nuestro Dios está herido por nuestro amor y tiene sed de nosotros: «Me robaste el corazón» (Ct 4, 9), dice el Esposo a su amada, expresando cómo Dios, al crearnos, se entrega a sí mismo, dejando dentro de Él un vacío que solamente nosotros podemos llenar devolviéndole su corazón. Tal es la herida de amor que deja la criatura en el Creador. Cuando descubrimos su anhelo, se despierta el nuestro y se identifica con él: «Mi Amado es para mí, y yo soy para mi Amado» (Ct 2, 16).

Este es el misterio en el que nos introduce el Cantar, aquel que cuenta la historia de cómo Dios llama continuamente desde lo profundo del corazón de cada uno y quiere encontrarse con él: «¡Ábreme, hermana mía, amada mía, paloma mía, mi perfecta!» (Ct 5, 2). Dios está deseando que descubramos la belleza que tiene preparada para cada uno de nosotros, porque todos somos la Esposa del Cantar. Todos podemos, como Tomás, ruborizarnos ante la presencia de la Eucaristía y pronunciar las palabras de la Esposa cuando siente que el Esposo está cerca: «Se estremecieron mis entrañas» (Ct 5, 4). Si acontece esto, si nuestro corazón llega al punto de *estremecerse* por el Amor, el mismo Dios queda cautivado por él y nos dice: «Retira de mí tus ojos, porque me subyugan» (Ct 6, 5). El Dios del Universo, que es Señor de todo lo que existe, que tiene bajo su poder hasta el último rincón de lo creado, vive cautivado por nuestro amor y anhela que le dirijamos nuestra mirada, que le entreguemos nuestro corazón (que es, en realidad, el suyo). Algo que Tomás hizo a lo largo de toda su vida filosófica y que se convirtió en el fin de toda su búsqueda sapiencial.

No podemos dudar de que el encuentro eucarístico que provocó la *transformación maravillosa* que tuvo meses antes de morir, en realidad, fue el canto del Creador, que le decía: «Ponme cual sello sobre tu corazón, como un sello en tu brazo. Porque fuerte es el amor como la Muerte» (Ct 8, 6). Desde aquel momento, Tomás solamente tenía palabras para el Amor, porque lo conoció perfectamente aquella mañana de diciembre. ¿Cómo no iba a pensar que, a pesar de que había dedicado toda su vida a buscar ardientemente a Dios, todo lo que había escrito era *un montón de paja* en comparación con lo que había visto? ¿No es acaso el pensamiento de un enamorado? ¿No decimos lo mismo cuando nuestro corazón es cautivado por esa persona que se convierte en su dueña desde el instante en el que su mirada nos deslumbra?

El silencio de Tomás no se diferencia mucho del nudo en la garganta que sentimos cuando sabemos que somos totalmente vulnerables al encontrarnos con la persona de la que estamos enamorados. Es lo que ocurre cuando el sentimiento es más fuerte que el pensamiento y somos incapaces de expresar algo inteligible al estar en presencia de nuestro amor.

Parece que necesitemos aprender a hablar de nuevo con esa persona, porque todo lo que sabíamos hasta ese momento queda en suspenso, y solamente podemos balbucear como un niño que está pronunciando sus primeras palabras. Ciertamente, esa persona es para nosotros *un mundo nuevo* que tiene su propio lenguaje, uno que tenemos que descubrir, que tenemos que explorar, y que abre un horizonte que para nosotros es desconocido, pero que llena de luz toda nuestra vida. Ese mundo que descubrió Tomás y que lo dejó sin palabras es la Eucaristía, que como una novia (Ap 21, 9) está esperando el momento oportuno para entregarse a nosotros, cuando en nuestro corazón solo haya hueco para ella, y nos dice: «Sí, pronto vendré» (Ap 22, 20).

BIBLIOGRAFÍA

Agustín, S. (2013). *Confesiones*. Biblioteca de Autores Cristianos.

Alejandría, C. d. (1998). *El Pedagogo*. Editorial Gredos.

Aquino, S. T. (1989). *Suma de Teología II. Parte I-II*. Biblioteca de Autores Cristianos.

Aquino, S. T. (1990). *Suma de Teología III. Parte II-II (a)*. Biblioteca de Autores Cristianos.

Aquino, S. T. (1994). *Suma de Teología IV. Parte II-II (b)*. Biblioteca de Autores Cristianos.

Aquino, S. T. (1994). *Suma de Teología V. Parte III e índices*. Biblioteca de Autores Cristianos.

Aquino, S. T. (2001). *Suma de Teología I. Parte I*. Biblioteca de Autores Cristianos.

Aquino, S. T. (2007). *Suma contra los gentiles*. Biblioteca de Autores Cristianos.

Aristóteles. (1985). *Ética a Nicómaco, Ética Eudema*. Gredos.

Aristóteles. (1998). *Metafísica de Aristóteles (Edición trilingüe por Valentín García Yebra)*. Gredos.

Benito, S. (1990). *Regla de San Benito*. Silos.

Biblia de Jerusalén. (1967). Desclée de Brouwer.

Nisa, G. d. (1993). *Sobre la vida de Moisés*. Editorial Ciudad Nueva.

Open Greek and Latin Perseus Digital Library. (2025). Obtenido de Perseus Digital Library: https://scaife.perseus.org/

Platón. (1988). *Diálogos III. Fedón, Banquete, Fedro*. Editorial Gredos.

Platón. (1988). *Diálogos V. Parménides, Teeteto, Sofista, Político*. Editorial Gredos.

Platón. (1992). *Diálogos VII. Dudosos, Apócrifos, Cartas*. Editorial Gredos.

Plotino. (1998). *Enéadas V-VI*. Editorial Gredos.

Prümmer, D. M. (1912). *Fontes Vitae S. Thomae Aquinatis*. Tolosae : Privat & Revue Thomiste.

XVI, Benedicto (2023). *Qué es el cristianismo*. La Esfera de los Libros.